छत्रपति शिवाजी

शासक महाराज

विवेक कुमार पांडे शंभूनाथ

Made with ♥ on the Notion Press Platform
www.notionpress.com

अस्वीकरण: इस को लिखने के दौरान कोई भी धर्म या जाति और समाज को नुक्सान नहीं पहुंचाया गया है। हम किसी को भी ठेस नहीं पहुंचाना चाहते हैं। यह किताब सिर्फ पढ़ने के लिए है ।

क्रम-सूची

प्रस्तावना

शासक महाराज छत्रपति शिवाजी का जन्म १९ फरवरी १६३० (कुसुर) को हुआ था। शिवाजी एक राजा और एक मराठा थे। हम सभी जानेंगे उनके कार्य और उनके साम्राज्य के बारे में। इस को लिखने के दौरान कोई भी धर्म या जाति और समाज को नुक्सान नहीं पहुंचाया गया है। हम किसी को भी ठेस नहीं पहुंचाना चाहते हैं। यह किताब सिर्फ पढ़ने के लिए है ।

भूमिका

- लेखक जीवनी

मेरा नाम विवेक कुमार पांडे है और मैं एक लेखक हु , में गुजरात के सुरत में निवास करता हूं. मेरा जन्म ३० सेप्टेंबर २००२ में हुआ था, और मुझे बचपन से एक्टर बनने का सोख रहा है और अभी भी है.। में कभी ये नहीं सोचता की लोग क्या कर रहे हैं में ये सोचता हूं कि में क्या कर रहा हूं, में आज सफल हूं तो अपने पापा की वजह से आज वो रहते तो उन्हें बहुत खुशी होती , वो सदा और हमेशा मेरे साथ रहेंगे.। मेरे रियल लाइफ के सुपरस्टार और सुपर हीरो मेरे प्यारे पापा है । आई लव यू पापा । पापा को मेरे हाथ कि चाय बहुत अच्छी लगती थी ।

जब उनका मन करता था चाय पीने के लिए तो वो कहते थे । मुझे चाय पीना है कौन बनाएगा मम्मी कहती में बना देती हूं लेकिन पापा कहते नहीं मेरा बेटा बनाएगा । उसके हाथ कि चाय मुझे बहुत अच्छा लगता है । जब भी काम करके घर आने वाले होते हैं तब मुझे फोन करते है विवेक बेटा बोलो क्या खाओगे सेब ले लु । में कहता ठीक है पापा ले लिजिए । पापा कहते कितना लू एक किलो या 2 किलो । में कहता नहीं पापा सिर्फ में ही खाता हूं भईया और दीदी को फल अच्छा ही नहीं लगता है इसलिए 3 सेब ले लेना । लेकिन पापा मेरे लिए दो तीन किलो फल लेकर आ ही जाते थे । पहले ले लेते फिर मुझे फोन करते । हमेशा ऐसा ही करते थे ।

में ये नहीं कह रहा हूं कि मुझे बहुत ज्यादा प्यार और मानते थे । वो अपने तीनों संतानों को प्यार करते थे । सबसे छोटा तो में ही था घर में , मुझसे बड़ी मेरी बहन और मेरी बहन से भी बडे मेरे भईया । में आज भी वो दिन का इंतजार कर रहा हूं जब पापा मेरे लिए कुछ लेकर आएंगे । मेरे कान तरस रहे है वो आवाज़ सुनने के लिए । लेकिन कहते हैं जो चीज चली जाए वो कभी लौटकर नहीं आती है । आप सभी से निवेदन है आप अपने मम्मी और पापा का ध्यान रखें । दुनिया में एक ही भगवान है वो है माता ओर पिता ।

में बहुत ही शरारती था बचपन में । मुझे किताब लिखने का शोख बचपन से ही था । जब में तीसरी कक्षा में पढ़ता था । तब से ही किताब लिखता था में और मेरा दोस्त हम दोनों किताब लिखके सभी को दिखाते थे और कहते थे जिन्हें

मेरा किताब अच्छा लगे तो अपना हस्ताक्षर कर दे । मेरे अंदर एक बहुत ही खास विशेषता है मैं किसी के चक्कर में नहीं रहता हूं । कौन क्या कर रहा है करने दो मुझे कुछ फर्क नहीं पड़ता है । मुझे सिर्फ अपने आप पर ध्यान देना है ।

क्योंकि दुनिया में ऐसे भी लोग हैं जो नहीं खुद कुछ करना चाहते हैं और नहीं दुसरो को कुछ करने देना चाहते हैं । एक बात ध्यान रखें अगर आप कोई भी नया काम करते हैं तो पहले लोग ताना मारते ही है । ये मत करो वो मत करो तुम्हारे बस कि बात नहीं है , तुम नहीं कर सकते हो . मुझे यह पता नहीं चलता लोग इतना सुझाव क्यों देते हैं । हमें जो करना है हम वहीं करेंगे । कई लोग हैं जो दुसरो के कहने पर वही करते हैं लेकिन मैं आपसे कह रहा हूं आप जो करना चाहे वो करे किसी के कहने पर खाई में मत कुदे । आपकी जिंदगी आपके ही हाथों में है लोगों के हाथों में नहीं है ।

मेरा बस एक ही सपना है की में नाम कमाकर अपने पिताजी का अधुरा सपना पूरा करूं ।

1

छत्रपति शिवाजी

छत्रपति शिवाजीराजे भोसले (19 फरवरी 1630 - 3 अप्रैल 1680) एक भारतीय राजा और मराठा साम्राज्य के संस्थापक थे । शिवराय ने बीजापुर के पतनशील आदिलशाही से अपना स्वतंत्र राज्य बनाया और मराठा साम्राज्य की स्थापना की। ईसा पश्चात उन्हें 1674 में रायगढ़ किले में औपचारिक रूप से छत्रपति के रूप में स्थापित किया गया था ।

- शिवाजी महाराज

अपने शासनकाल के दौरान, शिवाजी महाराज ने मुगल साम्राज्य , गोवालकोंडा के कुतुब शाही, बीजापुर के आदिल शाही और यूरोपीय औपनिवेशिक शक्तियों के साथ गठबंधन और शत्रुता दोनों की थी। छत्रपति शिवाजी महाराज ने एक अनुशासित सेना और एक सुव्यवस्थित प्रशासनिक व्यवस्था के बल पर एक शक्तिशाली और प्रगतिशील राज्य का निर्माण किया। उसने तटीय और आंतरिक क्षेत्रों में किलों की मरम्मत के अलावा कई नए किले भी बनवाए। शिवराय ने अनुशासित प्रशासनिक संगठनों के साथ एक सक्षम और प्रगतिशील नागरिक सरकार की स्थापना की। उन्होंने प्राचीन हिंदू राजनीतिक परंपराओं, अदालती सम्मेलनों को पुनर्जीवित किया।

इलाके के अपने उत्कृष्ट ज्ञान, आंदोलन की अद्भुत गति और गुरिल्ला कविता की तकनीक के साथ, उन्होंने शक्तिशाली मुगल और आदिल शाही सेना को एक छोटे से बल के साथ सफलतापूर्वक लड़ा । उन्होंने शासन में पारसी के बजाय मराठी और संस्कृत भाषाओं के उपयोग को प्रोत्साहित किया , जो उस समय आदर्श था।

भारतीय स्वतंत्रता संग्राम में, राष्ट्रवादी नेताओं ने लोगों को एकजुट करने और उनका मनोबल बढ़ाने के लिए शिवाजी महाराज की वीर गाथाओं का इस्तेमाल किया।

शिवाजी महाराज की विरासत पर्यवेक्षकों और समय के साथ बदलती रही। लेकिन उनकी मृत्यु के लगभग दो शताब्दियों के बाद, उन्होंने भारतीय स्वतंत्रता आंदोलन के उदय के साथ और अधिक प्रमुखता प्राप्त करना शुरू कर दिया क्योंकि कई भारतीय स्वतंत्रता सेनानी उन्हें एक आद्य-राष्ट्रवादी और हिंदू नायक मानते थे। शिवाजी महाराज का महाराष्ट्र के सामाजिक और राजनीतिक इतिहास में बहुत प्रभाव है । शिवाजी महाराज मराठी लोगों की पहचान के अभिन्न अंग हैं। शिवाजी महाराज के जन्मदिन को शिव जयंती के रूप में मनाया जाता है ।

• छत्रपति शिवाजी प्रारंभिक जीवन

पुणे जिले में जुन्नार शहर के पास स्थित शिवनेरी पहाड़ी किला 19 फरवरी ई. छत्रपति शिवाजी महाराज का जन्म 1630 में हुआ था। छत्रपति शिवाजी महाराज की सही जन्म तिथि इतिहासकारों के बीच असहमति का विषय है। महाराष्ट्र राज्य सरकार ने 2001 में फाल्गुन वाद्य तृतीया शक 1551 (शुक्रवार, 19 फरवरी, 1630) को शिव राय की जन्म तिथि के रूप में स्वीकार किया। अन्य संभावित तिथियों में जन्म तिथि के रूप में 6 अप्रैल 1627 (वैसाख शुद्ध तृतीया) शामिल हैं। महाराष्ट्र सरकार ने शिवाजी महाराज के जन्म (शिवाजी जयंती) के उपलक्ष्य में 19 फरवरी को अवकाश के रूप में सूचीबद्ध किया है।

शिवाजी महाराज का नाम भगवान शिवई के नाम पर रखा गया था। एक पौराणिक कथा के अनुसार, जीजाबाई ने शिवनेरी किले में शिवई देवी से उन्हें एक मजबूत पुत्र देने के लिए प्रार्थना करने के बाद लड़के का नाम 'शिवाजी' रखा। शिवराय के पिता शाहजीराजे भोंसले एक मराठा सेनापति थे जिन्होंने डेक्कन सल्तनत की सेवा की थी। उनकी माता जीजाबाई थीं, जो सिंदखेड के लखूजी जाधवराव की पुत्री थीं । जाधव मुगल-संबद्ध सरदार थे जो देवगिरी के यादव वंश से वंश का दावा करते थे।

शिवाजी महाराज के जन्म के समय, दक्कन साम्राज्य को तीन इस्लामिक सल्तनतों में विभाजित किया गया था: बीजापुर , अहमदनगर और गोवालकोंडा । शाहजीराज ने समय-समय पर अहमदनगर के निजामशाही , बीजापुर के आदिलशाही और मुगलों के बीच अपनी निष्ठा बदली; लेकिन उसने हमेशा पुणे

को अपनी राजधानी के रूप में रखा और अपनी खुद की एक छोटी सी सेना बनाए रखी।

शिवाजी महाराज मराठा परिवार के थे और भोसले वंश के थे। उनके दादा मालोजी (1552-1597) अहमदनगर सल्तनत के एक प्रभावशाली सेनापति थे और उन्हें "राजा" की उपाधि दी गई थी। उन्हें सैन्य खर्च के लिए पुणे, सुपे, चाकन और इंदापुर के देशमुख अधिकार दिए गए थे। उन्हें अपने परिवार के निवास के लिए किला शिवनेरी भी दिया गया था (सी। 1590)।

• बीजापुर की आदिल शाही सल्तनत

ईसा पश्चात 1636 में, बीजापुर की आदिल शाही सल्तनत ने दक्षिणी राज्यों पर आक्रमण किया। सल्तनत हाल ही में मुगल साम्राज्य का एक राज्य बन गया था। शाहजी राजा तब पश्चिमी भारत के पहाड़ी देश में एक सरदार थे और आदिल शाही का समर्थन करते थे। शाहजी राजा विजित प्रदेशों में जागीरों को पुरस्कृत करने के अवसरों की तलाश में थे , जिससे वे वार्षिक कर एकत्र कर सकें। शाहजी मुगलों के विद्रोही सरदार थे। बीजापुर सरकार के समर्थन से मुगलों के खिलाफ शाहजीराजा के अभियान आम तौर पर असफल रहे। मुगल सेना द्वारा उनका लगातार पीछा किया जाता था और शिवाजी महाराज और मां जीजाबाई को लगातार एक किले से दूसरे किले में जाना पड़ता था।

1636 में, शाहजीराजा बीजापुर की सेवा में शामिल हो गए और उन्हें पुणे की जहांगिरी दी गई। शाहजीराज ने बाद में तुकाबाई से दोबारा शादी की। जीजाबाई नन्हें शिवाजीराज के साथ पुणे रहने आ गईं। तुकाबाई और शाहजीराजे के पुत्र, एकोजी भोसले (वेंकोजी भोसले) ने बाद में वर्तमान तमिलनाडु में तंजावुर में अपना राज्य स्थापित किया ।

जीजाबाई शिवाजी महाराज के साथ पुणे में बस गईं। उस समय बीजापुरी शासक आदिल शाह ने शाहजी राजा को बंगलौर में तैनात किया था और दादोजी कोंडादेव को प्रशासक नियुक्त किया था। 1647 में कोंडादेव की मृत्यु हो गई और शिवराय ने सत्ता संभाली। उनके पहले अभियान ने सीधे तौर पर बीजापुरी सरकार को चुनौती दी।

जीजाबाई जब पुणे रहने के लिए गईं, तो पुणे का बहुत बुरा हाल था। तब जीजाबाई ने छोटे शिवाजीराज और करभरी के हाथों पुणे के एक खेत में एक प्रतीक के नीचे सोने की परत चढ़े हुए हल को मोड़कर पुणे का जीर्णोद्धार करना

शुरू किया। जीजाबाई ने शिवाजी राजा को उनके बचपन के दौरान और उनकी वयस्कता के बाद भी दृढ़ मार्गदर्शन प्रदान किया (जैसे कि जब वह बड़े हो रहे थे तो शेर के किले की सवारी करना)। कुछ इतिहासकारों का मानना है कि जीजाबाई ने महाराजा शिवाजी को हिंदू स्वशासन स्थापित करने के अपने सपने को साकार करने के लिए प्रेरित किया।

- ## जीजाबाई और बाल शिवाजी

ईसा पश्चात 1646 में, 16 वर्षीय शिव राय ने सुल्तान की बीमारी के कारण बीजापुर दरबार में उथल-पुथल का फायदा उठाया , और वहां मिले महान खजाने को अपने कब्जे में ले लिया। अगले दो वर्षों में शिव राय ने पुणे के पास कई महत्वपूर्ण किलों पर कब्जा कर लिया । इनमें पुरंधर , कोंढाना और चाकन शामिल हैं । इसके अलावा उन्होंने सीधे सुपे , बारामती और इंदापुर के स्थानों पर कब्जा कर लिया। उसने तोरणगढ़ के सामने मुरुम्बदेव की पहाड़ी पर विजय प्राप्त की और उसकी मरम्मत की और उसका नाम राजगढ़ रखा । इसके लिए उसने तोरण में मिले खजाने का इस्तेमाल किया। एक दशक से अधिक समय तक राजगढ़ उनकी राजधानी थी ।

इसके बाद शिवाजी महाराज ने कोंकण की ओर रुख किया और कल्याण के महत्वपूर्ण शहर पर कब्जा कर लिया । बीजापुर सरकार ने इन घटनाओं का संज्ञान लेने के बाद कार्रवाई करने का फैसला किया. 25 जुलाई 1648 को, शाहजी राजा को शिवाजी महाराज को पकड़ने के प्रयास में बीजापुर सरकार के आदेश पर बाजी घोरपड़े नामक एक साथी मराठा सरदार द्वारा कैद कर लिया गया था।

1649 में जिंजी पर कब्जा करने के बाद , शाहजी राजा को कर्नाटक में आदिलशाह की स्थिति प्राप्त करने के बाद रिहा कर दिया गया। 1649 - 1655 के बीच शिवराय ने अपनी विजय पर विराम लगा दिया और चुपचाप अपने लाभ को समेकित कर लिया। अपने पिता की रिहाई के बाद, शिवाजी महाराज ने छापे फिर से शुरू किए और 1656 में, विवादास्पद परिस्थितियों में, बीजापुर के साथी मराठा सामंत चंद्रराव मोरे को मार डाला , और महाबलेश्वर के वर्तमान हिल स्टेशन के पास जावली घाटी पर कब्जा कर लिया । . भोसले और अन्य परिवारों के अलावा सावंतवाड़ी के सावंत , मुधोल, फलटन के घोरपड़ेनिंबालकर, शिर्के, माने और मोहिते समेत अनेकों ने बीजापुर की आदिलशाही की सेवा की, अनेकों ने देशमुखी अधिकार से काम किया। इन शक्तिशाली परिवारों को अपने वश में करने

के लिए, शिवराय ने वैवाहिक गठबंधन बनाने, देशमुखों को मात देने के लिए गाँव के पटलों से सीधे निपटने या उनसे लड़ने जैसी कई रणनीतियाँ अपनाई। शाहजी राजा अपने बाद के वर्षों में अपने बेटे के प्रति उभयभावी रहे और उनकी विद्रोही गतिविधियों को अस्वीकार कर दिया। उन्होंने बीजापुरियों से कहा कि वे शिवाजी के साथ जो चाहें करें। 1664 - 1665 में एक शिकार दुर्घटना में शाहजी राजा की मृत्यु हो गई।

बीजापुर सल्तनत शिवाजी महाराज द्वारा किए गए नुकसान से नाराज थी । मुगलों के साथ शांति संधि और दूसरे सुल्तान के रूप में तरुण अली आदिल शाह की सामान्य स्वीकृति के बाद , बीजापुर की सरकार अधिक स्थिर हो गई और उसने अपना ध्यान शिवाजी महाराज की ओर लगाया। 1657 में सुल्तान, या अधिक संभावना उनकी मां और शासन ने शिवाजी महाराज को गिरफ्तार करने के लिए एक अनुभवी सेनापति अफजल खान को भेजा। शिवाजी महाराज पर आगे बढ़ने से पहले, बीजापुरी सेना ने तुलजा भवानी मंदिर , जो शिवाजी महाराज के परिवार का पवित्र स्थान था, और हिंदुओं के एक प्रमुख तीर्थ स्थल पंढरपुर में विठ्ठल मंदिर को अपवित्र कर दिया ।

बीजापुरी सेना द्वारा पीछा किए जाने के बाद शिवाजी महाराज प्रतापगढ़ किले में गए, जहां उनके कई सहयोगियों ने उन्हें आत्मसमर्पण करने के लिए दबाव डाला। जब अफजल खान वाई ने संपर्क किया, तो शिवाजी ने वर्तमान महाबलेश्वर के पास प्रतापगढ़ से उसका सामना करने का फैसला किया ।

दोनों सेनाओं ने एक दूसरे को रोक लिया। जबकि शिवाजी महाराज घेराबंदी नहीं तोड़ सके, अफजल खान के पास शक्तिशाली घुड़सवार होने के बावजूद घेराबंदी के साधन नहीं थे । इसलिए वह भी किला लेने में असमर्थ था। दो महीने बाद, अफजल खान ने किले के बाहर एक निजी बैठक के लिए बातचीत करने के लिए शिवाजी महाराज को एक दूत भेजा। संधि वार्ता शुरू हुई और अफजल खान ने जोर देकर कहा कि शिवाजी महाराज स्वयं अंतिम वार्ता के लिए आएं। लेकिन शिवाजीराज के वकील (पंताजी गोपीनाथ बोकिल) ने अफजल खान को घेर लिया और उसे प्रतापगढ़ में ही मिलने के लिए आमंत्रित किया।

10 नवंबर, 1659 को दोनों प्रतापगढ़ किले की तलहटी में एक शिविर में मिले। यह निर्णय लिया गया कि प्रत्येक व्यक्ति केवल एक तलवार लेकर आए और केवल एक अनुयायी उपस्थित रहे।

शिवाजी महाराज को शक था कि अफजल खान उन्हें गिरफ्तार कर लेगा या उन पर हमला भी कर देगा। एक दशक पहले, खान ने ऐसी ही एक यात्रा के दौरान

एक हिंदू सरदार को कैद कर लिया था। इसलिए एहतियात के तौर पर उन्होंने कवच पहन लिया और अपने साथ बिछवा और बाघ के पंजे रख लिए। बिच्छा कवच में छिपा हुआ था जबकि बायें हाथ के बाघ का पंजा हाथ के पंजे के अंदर छिपा हुआ था इसलिए दिखाई नहीं दे रहा था।

इसके साथ ही उन्होंने दाहिने हाथ में खंजर भी ले लिया। शिवाजी महाराज के साथ जीवा महला, एक भरोसेमंद सरदार था, जबकि अफजल खान के साथ उस समय के एक प्रमुख टाइकून सैयद बंदा थे।था यात्रा के दौरान ऊंचापुरा के बलदंड अफजल खान ने शिवाजी महाराज को गले लगा लिया और शिवाजी राज के जीवन का अंत हो गया। उसी समय अफजल खान ने शिवाजी महाराज पर कटार से हमला किया लेकिन उनके कवच के कारण शिवाजी राज बच गए। अफजल खान के विश्वासघात को देखकर शिवाजी राजा ने बाघ को खान के पेट में घुसा दिया। उसी समय अफजल खान की मौत का रोना चाहू तक फैल गया। सैयद बंदा ने तुरंत ही शिवाजी पर दंडपट्टी से हमला कर दिया, जिसे तेज जीवा महल ने अपने ऊपर लपक लिया और शिवाजीराज की जान बचा ली। यही कारण है कि " होता जीवा के वाचला शिवा " कहावत प्रचलन में आई।

पूर्व-निर्धारित चेतावनी पर यात्रा के अवसर पर प्रतापगढ़ से तीन तोपें दागी गईं, और मावलों ने, जो खान के शिविर के पास झाड़ियों में छिपे हुए थे, खान की सेना पर हमला कर दिया। खान के बेटे फज़ल खान और कुछ अन्य सरदार लैपटलपत वाई के मुख्य शिविर तक आए। यहां अन्न का जनाना होता था। वे खजाना, हाथी और अन्य भारी सामान छोड़कर नेताजी की पीछा करने वाली सेना से बचने के लिए बीजापुर भाग गए।

10 नवंबर 1659 को प्रतापगढ़ की लड़ाई में शिवाजी महाराज की सेना ने बीजापुर सल्तनत की सेना को निर्णायक रूप से हरा दिया। बीजापुर की सेना के 3,000 से अधिक सैनिक मारे गए और एक सरदार, अफजल खान के दो बेटे और दो मराठा सरदारों को पकड़ लिया गया। जीत के बाद, शिव राय ने प्रतापगढ़ के नीचे एक भव्य समीक्षा की। पकड़े गए शत्रुओं के अधिकारियों और आम लोगों दोनों को मुक्त कर दिया गया और धन, भोजन और अन्य उपहारों के साथ उनके घरों को वापस भेज दिया गया। मराठों को उनके प्रदर्शन के अनुसार पुरस्कार दिया गया।

अफंजल खान की मृत्यु के बाद, उसने उसके मृत शरीर का इस्लामिक तरींके से अंतिम संस्कार किया और प्रतापगढ़ के आधार पर उसके लिए एक मकबरा बनवाया और मकबरे के स्थायी रखरखाव की व्यवस्था की।

अफ़ज़ल खान की मृत्यु के बाद, शिवाजी राज ने कोंकण बेल्ट में अधिक किलों और क्षेत्रों को जीतने के लिए दोरोजी नामक एक योद्धा को भेजा । शिवराय स्वयं कोल्हापुर गए और पन्हाला पर विजय प्राप्त की । आधुनिक समय में अफजल खान की मृत्यु के इस दिन को शिव प्रताप दिवस के रूप में मनाया जाता है।

• पन्हाला किले पर कब्जा

बीजापुरी सेना को हराने के बाद, शिवाजी महाराज की सेना ने कोंकण और कोल्हापुर की ओर कूच किया, पन्हाला किले पर कब्जा कर लिया और 1659 में रुस्तम जमान और फ़ज़ल खान के अधीन भेजी गई बीजापुरी सेना को हरा दिया। 1660 में आदिल शाह ने मुगलों के साथ गठबंधन में अपने सेनापति सिद्दी जौहर को भेजा। मुगल सेना उत्तर से आक्रमण करेगी जबकि सिद्दी जौहर दक्षिणी सीमा पर आक्रमण करेगा। उस समय शिवाजी महाराज अपनी सेना के साथ पन्हाला किले में डेरा डाले हुए थे। 1660 के दशक के मध्य में, सिद्दी जौहर की सेना ने पन्हाला की घेराबंदी की और किले को आपूर्ति मार्ग काट दिया।

पन्हाला में फायरिंग के दौरान राजापुर में अंग्रेजों से ग्रेनेड खरीदकर सिद्दी जौहर ने अपनी दक्षता बढ़ाई। किले की बमबारी में सहायता के लिए कुछ अंग्रेजी तोपखानों को नियुक्त किया गया था। इस समय अंग्रेजों द्वारा इस्तेमाल किया जाने वाला झंडा प्रमुखता से फहराया गया था। जब शिवरायन को अंग्रेजों के इस विश्वासघात की बात समझ में आई तो उन्हें गुस्सा आ गया। उसने दिसंबर में राजापुर में एक अंग्रेजी कारखाने को लूट कर बदला लिया और चार अंग्रेजों को पकड़ लिया और 1663 के मध्य तक उन्हें कैद कर लिया।

महीनों की घेराबंदी के बाद, शिवाजी महाराज ने सिद्दी जौहर के साथ बातचीत की और 22 सितंबर 1660 को विशालगढ़ को पीछे हट गए और किले को आत्मसमर्पण कर दिया, 1673 में महाराजा ने पन्हाला किले को वापस ले लिया।

• पवनखिंडी का युद्ध

चूंकि शिवाजी महाराज रात के दौरान पन्हाला से भाग गए थे और दुश्मन घुड़सवार सेना द्वारा उनका पीछा किया गया था, बंडाल देशमुख के मराठा सरदार बाजी प्रभु देशपांडे ने 300 सैनिकों के साथ घोड़िखिंड में दुश्मन को रोकने के लिए मौत से लड़ने के लिए स्वेच्छा से भाग लिया। इससे शिवाजी महाराज और बाकी

सेना को विशालगढ़ किले तक सुरक्षित पहुंचने का मौका मिल गया ।

पवनखिंड की लड़ाई में, शिवाजी महाराज के पास बचने का समय था क्योंकि छोटी मराठा सेना ने बड़े दुश्मन को पकड़ लिया था। 13 जुलाई 1660 की शाम को, बाजी प्रभु देशपांडे घायल हो गए लेकिन विशालगढ़ से तोप की आग की आवाज आने तक लड़ते रहे। तोप की आवाज इस बात का संकेत थी कि शिवाजी महाराज किले में सुरक्षित पहुंच गए थे। बाद में बाजीप्रभु देशपांडे , शिबो सिंह जाधव, फूलोजी और वहां लड़ने वाले अन्य सभी सैनिकों के सम्मान में घोड़ खिंड का नाम बदलकर पवन खिंड ("पवित्र पास") कर दिया गया।

• मुगल साम्राज्य के साथ संघर्ष

शिवाजी महाराज ने 1657 तक मुगल साम्राज्य के साथ शांतिपूर्ण संबंध बनाए रखा । जब औरंगजेब , मुगल सम्राट का पुत्र, दक्कन का सूबेदार था , शिवाजी महाराज ने बीजापुर को जीतने के लिए अपनी मदद की पेशकश की। इसके बदले में वे शिवराय के नियंत्रण वाले बीजापुरी किलों और गांवों पर अपना अधिकार स्वीकार करना चाहते थे । मुगल प्रतिक्रिया से असंतुष्ट और बीजापुर से एक अच्छा प्रस्ताव प्राप्त करने के बाद, उसने मुगल डेक्कन पर हमला किया। मुगलों के साथ शिवाजी महाराज का संघर्ष मार्च 1657 में शुरू हुआ, जब उनके दो अधिकारियों ने अहमदनगर के पास मुगल क्षेत्र पर छापा मारा । इसके बादजुन्नार पर छापा मारा गया। इसमें शिवाजी महाराज ने 300,000 से अधिक नकद और 200 घोड़े ले लिए । औरंगजेब ने नसीरी खान को भेजकर इस छापे का जवाब दिया। नसीरी खान ने अहमदनगर में मराठी सेना को हराया । हालांकि , औरंगजेब का शिव के खिलाफ प्रतिरोध मानसून और सम्राट शाहजहाँ की बीमारी के बाद मुगल सिंहासन के लिए अपने भाइयों के साथ उत्तराधिकार की लड़ाई से बाधित हो गया था।

औरंगज़ेब, जो अब मुगल बादशाह है , ने जनवरी 1660 में अपने मामा शाहिस्ते खान को बीजापुर की बड़ी बेगम के अनुरोध पर 150,000 से अधिक सैनिकों और शक्तिशाली तोपखाने के साथ शिवाजी महाराज पर हमला करने के लिए भेजा । खान के साथ सिद्दी जौहर की कमान में बीजापुर की सेना भी थी। शाइस्ताखाना ने अपनी 80,000 सुसज्जित सेना के साथ पुणे पर कब्जा कर लिया । उसने चाकन के पास के किले को ले लिया। किले की दीवारों को तोड़ने से पहले डेढ़ महीने तक इसे घेरा गया था। शाइस्ता खान ने कुछ मराठा क्षेत्र पर आक्रमण

करने के लिए एक बड़ी, अच्छी तरह से प्रावधान और भारी सशस्त्र मुगल सेना का लाभ उठाया। वह पुणे शहरउसने इस पर कब्जा कर लिया और शिवाजी महाराज के लाल महल के महल को अपना निवास स्थान बना लिया।

5 अप्रैल 1663 की रात को, शिव राय ने शाइस्ताखाना के शिविर पर एक साहसी रात हमला किया। शिवाजी महाराज ने 400 आदमियों के साथ लाल महल के पास से गुजर रही एक बारात के साथ लाल महल में प्रवेश किया। महल के हर नुक्कड़ को जानने के बाद, शिवाजी महाराज जल्द ही शाहिस्ते खान के शयनकक्ष में प्रवेश कर गए। तब तक महल में कहीं हाथापाई से शाहिस्ते खान की नींद खुल गई और सामने शिवाजी राज को देखकर खान अपनी जान बचाने के लिए सीधे खिड़की से नीचे कूद गया। शिवाजी महाराज के एक तेज प्रहार से चूक जाने के कारण खान की तीन उंगलियां उनकी जान लेने के बजाय काट दी गईं। शाइस्ता खान के बेटे, उनकी कई पत्नियां, नौकर और सैनिक हमले में मारे गए। खान ने पुणे के बाहर मुगल सेना के साथ शरण ली। इस अपमानजनक हार की सजा के रूप में औरंगजेब ने शाहिस्ते खान को बंगाल स्थानांतरित कर दिया ।

1664 में शिवाजी महाराज ने शाइस्ता खान के हमलों के प्रतिशोध में और अपने अब समाप्त हो चुके खजाने को फिर से भरने के लिए बंदरगाह शहर सूरत और एक समृद्ध मुगल व्यापारिक केंद्र को लूट लिया।

• **सूरत की पहली लूट**

ईसा पश्चात 1664 । लगातार युद्धों और खजाने के खाली होने से शिवाजी चिंतित थे। इससे मुगलों या अन्य सुल्तानों को ज्यादा परेशानी नहीं हुई। राजशाही अन्यायपूर्ण कर लगाने या लोगों से जबरन वसूली करने में संकोच नहीं करती थी। कई दिनों की उथल-पुथल के बाद आखिरकार शिवाजीराज को एक समाधान मिला जो इतिहास को ज्ञात सूरत की पहली लूट थी । आज के गुजरात राज्य में सूरत शहर तत्कालीन मुगल साम्राज्य में था और व्यापार के कारण सबसे अमीर शहरों में से एक माना जाता था। सूरत शहर की लूट ने दो चीजें हासिल कीं, एक मुगल सत्ता के लिए एक चुनौती थी और दूसरा राज्य के खजाने में वृद्धि।

भारत में लूटपाट का इतिहास बहुत ही रक्तरंजित और विनाशकारी है। उस पृष्ठभूमि के खिलाफ, सूरत की लूट बिल्कुल अलग लगती है। शिवाजी राजा के आदेशानुसार महिलाओं, बच्चों और बुजुर्गों को बिना बालों को छुए लूट लिया गया। मस्जिदों, गिरजाघरों जैसे धर्मस्थलों को भी लूटपाट से बचाया गया।

* पुरंदर की संधि

शाहिस्ते खान और सूरत पर हुए हमलों से औरंगजेब बहुत क्रोधित हुआ । जवाब में उसने शिवाजी महाराज को हराने के लिए राजपूत मिर्जाराज जय सिंह प्रथम को लगभग 15,000 की सेना के साथ भेजा। 1665 में जय सिंह की सेना ने शिवाजी महाराज पर दबाव डाला। जय सिंह की घुड़सवार सेना ने ग्रामीण इलाकों को तबाह कर दिया और उनकी सेना ने महाराजा के किलों को घेर लिया। यह मुगल सेनापति शिवाजी महाराज के कई प्रमुख सेनापतियों और उनके कई घुड़सवारों को मुगल सेवा की ओर आकर्षित करने में सफल रहा। 1665 के मध्य तक, जय सिंह ने पुरंदर के किले को घेर लिया , और किले के अंत के करीब होने के कारण, शिवराय को जय सिंह के साथ समझौता करने के लिए मजबूर होना पड़ा।

11 जून 1665 को शिवाजी महाराज और जय सिंह के बीच हुई पुरंदर की संधि में, शिवाजी ने 23 किले छोड़ने, 12 अपने पास रखने और मुगलों को 400,000 स्वर्ण हूणों की क्षतिपूर्ति का भुगतान करने पर सहमति व्यक्त की। शिवराय मुग़ल साम्राज्य के गारंटर बनने और अपने बेटे संभाजी को मनसबदार के रूप में 5,000 घुड़सवारों के साथ दक्कन में मुग़लों से लड़ने के लिए भेजने के लिए सहमत हुए ।

* औरंगजेब के दरबार में शिवाजी

1666 में, औरंगजेब ने शिवाजी राजा को अपने नौ वर्षीय बेटे संभाजी के साथ आगरा बुलाया (कुछ दस्तावेजों के अनुसार उन्हें दिल्ली बुलाया गया था ।) औरंगजेब ने मुगल के उत्तर-पश्चिमी सीमा को मजबूत करने के लिए राजा को कंधार भेजने की योजना बनाई , जो अब अफगानिस्तान में है। साम्राज्य । हालाँकि, 12 मई 1666 को अदालत में, शिवराय को अपेक्षाकृत कनिष्ठ सरदारों के साथ रखा गया था। इनमें से कुछ को वह पहले ही युद्ध में हरा चुका था। इस अपमान से शिवाजी महाराज दरबार छोड़कर चले गए। इसके कारण उन्हें तत्काल हिरासत में ले लिया गया। जय सिंहके पुत्र राम सिंह ने शिवाजी और उनके पुत्र की हिरासत की गारंटी दी।

शिवाजी महाराज के लिए हाउस अरेस्ट की स्थिति खतरनाक थी, क्योंकि औरंगजेब के दरबार में इस बात पर बहस चल रही थी कि शिवराय को मार दिया जाए या उसे काम पर रखा जाए। जय सिंह ने शिवाजी राज को अपनी व्यक्तिगत सुरक्षा का आश्वासन दिया था। अतः उसने औरंगजेब के निर्णय को प्रभावित करने

का प्रयास किया। इस बीच, शिवाजी राज ने खुद को मुक्त करने के लिए एक योजना तैयार की। उसने अपने अधिकांश आदमियों को घर वापस भेज दिया और राम सिंह से कहा कि वह अपनी और अपने बेटे की सुरक्षा के लिए बादशाह को दिए गए आश्वासन को वापस ले और खुद को मुगल सेना के सामने आत्मसमर्पण कर दे। शिवाजी राजा ने तब बीमार होने का नाटक किया और ब्राह्मणों और गरीबों को तपस्या के रूप में मिठाई से भरे बड़े बक्से भेजना शुरू कर दिया। सबसे पहले पहरेदारों ने प्रत्येक आग की छानबीन की। लेकिन कुछ दिनों के बाद इसमें शिथिलता आनी शुरू हो गई। बाद में उन्होंने चेकिंग बंद कर दी। 17 अगस्त 1666 को शिवाजी महाराज स्वयं एक बड़ी टोकरी में बैठे और संभाजी दूसरी टोकरी में भागकर आगरा चले गए।

किसी भी संदेह से बचने के लिए, शिवाजी राज के एक विश्वासपात्र हीरोजी फरजंद, शिवाजी के कपड़े तह करके और अपने हाथों को बाहर चिपका कर सोने का नाटक कर रहे थे ताकि उनकी अंगूठी दिखाई दे सके। जब उसे यकीन हो गया कि शिव राय काफी दूर पहुंच गया है तो वह भी पहरेदारों को चकमा देकर फरार हो गया। काफी देर तक पहरेदारों को अंदर कोई हलचल महसूस नहीं हुई और जब उन्होंने अंदर प्रवेश किया और वहां कोई नहीं मिला तो उन्हें सही स्थिति का पता चला। उस समय तक शिवाजी को भागे 24 घंटे हो चुके थे।

आगरा से, शिवाजी राजा ने अपना भेष बदला और स्वराज्य की ओर बढ़ने के बजाय, मथुरा चले गए, जहाँ उन्होंने संभाजी को कुछ अन्य भरोसेमंद लोगों के साथ एक अलग मार्ग से भेजा। सन्यासी के भेष में महाराष्ट्र में प्रवेश किया। उसमें भी उन्हें कई सावधानियां बरतनी पड़ती थीं। वह खुद बहुत लंबे और तिरछे, टेढ़े-मेढ़े तरीके से फर्श से फर्श तक चलता था। इसका मकसद फिर से औरंगजेब के हाथों में पड़ने से बचना था। एक और बात उल्लेखनीय है। अपनी दिल्ली यात्रा से पूर्व, आठ की परिषद, जिसे उन्होंने शासन के लिए स्थापित किया था, ने राजा की अनुपस्थिति में भी राज्य को कुशलतापूर्वक प्रबंधित किया। यह शिवाजी राज और अष्टप्रधानमंडल की एक बड़ी सफलता है।

• मुगलों के साथ शांति

शिवराय की रिहाई के बाद, मुगल सरदार जसवंत सिंह ने एक नए शांति प्रस्ताव के लिए शिवाजी महाराज और औरंगजेब के बीच मध्यस्थ के रूप में काम किया। उसके बाद मुगलों से शत्रुता शांत हो गई। 1666 और 1668 के बीच

औरंगजेब ने शिवराय को राजा की उपाधि प्रदान की। साथ ही संभाजी को एक बार फिर 5,000 घोड़ों के साथ मुगल मनसबदार बनाया गया। उस समय, शिवाजी राजा ने संभाजी को सेनापति प्रतापराव गूजर के साथ औरंगाबाद में मुगल सूबेदार मुअज्जम (बहादुर शाह प्रथम) के अधीन सेवा करने के लिए भेजा । संभाजी को राजस्व संग्रह के लिए बरार में क्षेत्र दिया गया था । औरंगजेब ने शिवाजी को कमजोर हो रही आदिलशाही पर आक्रमण करने की अनुमति दी; एक कमजोर सुल्तान अली आदिल शाह द्वितीय ने शांति के लिए प्रस्ताव दिया और शिवाजी महाराज को सरदेशमुखी और क्वार्टर की शक्तियां दीं ।

पुनर्विजय

शिवाजी महाराज और मुगलों के बीच शांति 1670 तक चली। उस समय औरंगज़ेब को शिवाजीराज और मुअज्जम के बीच घनिष्ठ संबंध के बारे में संदेह हो गया था, जो उसे लगा कि वह अपने सिंहासन को हड़प सकता है। औरंगजेब को यह भी शक था कि वह शिवाजी राजा से रिश्वत लेता रहा होगा साथ ही इस दौरान औरंगजेब ने अफगानों से लड़ाई की। इसके लिए उसने दक्कन में अपनी सेनाओं को बहुत कम कर दिया ; परिणामस्वरूप, कई विघटित सैनिक जल्दी ही मराठा सेवा में शामिल हो गए। मुगलों ने कुछ साल पहले शिवाजी महाराज को दिए गए पैसे की वसूली के लिए बरार की जागीर भी छीन ली। जवाब में, शिवाजी राज ने मुगलों के खिलाफ एक आक्रमण शुरू किया और चार महीने के भीतर आत्मसमर्पण किए गए क्षेत्र का एक बड़ा हिस्सा वापस ले लिया।

1670 में, शिवाजी महाराज ने दूसरी बार सूरत को लूटा । इस बार अंग्रेजी और डच कारखाने उनके हमले को विफल करने में सक्षम थे, लेकिन उन्होंने शहर को ही तबाह कर दिया, जिसमें मक्का से लौटे मावरा-उन-नाहर के मुस्लिम राजकुमार का सामान लूटना भी शामिल था। ताजा हमलों से नाराज मुगलों ने मराठों के साथ शत्रुता फिर से शुरू कर दी। मुगलों ने शिवाजी को सूरत से घर लौटने पर रोकने के लिए दाऊद खान के अधीन एक सेना भेजी ; लेकिन वर्तमान नासिक के पास वाणी-डिंडोरी की लड़ाई में वह हार गया था ।

अक्टूबर 1670 में शिवाजी राज ने अंग्रेजों को परेशान करने के लिए अपनी सेना बंबई भेजी । क्योंकि अंग्रेजों ने उन्हें युद्ध सामग्री बेचने से मना कर दिया था। उनके सैनिकों ने ब्रिटिश लकड़हारों को बंबई छोड़ने से रोक दिया । सितंबर 1671 में, शिवाजी राजा ने डंडा-राजपुरियों के खिलाफ लड़ाई के लिए एक बार फिर आपूर्ति के लिए बंबई में राजदूत भेजे । अंग्रेजों को संदेह था कि इस जीत से मराठों को कितना लाभ होगा , लेकिन वे राजापुर की फैक्ट्रियों को लूटने के लिए मुआवजा

पाने का कोई मौका नहीं गंवाना चाहते थे। अंग्रेजों ने लेफ्टिनेंट स्टीफन यूस्टिक को शिवाजी से बातचीत के लिए भेजा, लेकिन राजापुरक्षतिपूर्ति के मुद्दे पर वार्ता विफल रही। अगले वर्षों में कई दूतावासों का आदान-प्रदान हुआ, जिसमें 1674 में हथियारों के मुद्दों पर कुछ समझौते शामिल थे, लेकिन शिवाजी की मृत्यु से पहले राजापुर क्षतिपूर्ति का भुगतान कभी नहीं किया गया था। 1682 के अंत तक, वहाँ का कारखाना भंग कर दिया गया था।

• **उमरानी और नेसरी की लड़ाई**

1674 में, मराठा कमांडर-इन-चीफ प्रतापराव गूजर को बीजापुरी जनरल बहलोल खान के नेतृत्व वाली सेना से लड़ने के लिए भेजा गया था । प्रतापराव की सेना ने एक रणनीतिक झील को घेर लिया , बीजापुरी सेना को पानी की आपूर्ति काट दी, और युद्ध में विरोधी सेनापति को हरा दिया और कब्जा कर लिया, जिससे बहलोल खान को शांति संधि पर बातचीत करने के लिए मजबूर होना पड़ा। हालाँकि शिवाजी राजा ने पहले ही चेतावनी दे दी थी, पराता पराओ ने बहलोल खान को रिहा कर दिया। लेकिन खाना ने नए हमले की तैयारी शुरू कर दी।

शिवाजी महाराज ने प्रताप राव को अप्रसन्नता का एक पत्र भेजा और बहलोल खान से तब तक मिलने से इनकार कर दिया जब तक कि उसे वापस नहीं ले लिया गया। अपने राजा की फटकार से परेशान प्रतापराव ने बहलोल खान की खोज की और अपनी मुख्य सेना को पीछे छोड़कर केवल छह अन्य घुड़सवारों के साथ अभियान शुरू किया। लेकिन प्रतापराव युद्ध में मारे गए; उनकी मृत्यु का समाचार सुनकर शिवाजी राजा को गहरा दुख हुआ और उन्होंने अपने दूसरे पुत्र राजाराम का विवाह प्रतापराव की पुत्री से कर दिया। हंबीरराव मोहिते को प्रतापराव के बाद नए सरनौबत (मराठा सेना के कमांडर-इन-चीफ) के रूप में नियुक्त किया गया था। रायगढ़ किले का पुनर्निर्माण हीरोजी इंदुलकर ने नवजात मराठा साम्राज्य की राजधानी के रूप में किया था ।

• **शिवाजी महाराज का राज्याभिषेक**

शिवाजी महाराज ने अपने कई अभियानों के माध्यम से बड़ी मात्रा में भूमि और धन अर्जित किया। लेकिन तकनीकी रूप से वे औपचारिक खिताब की कमी के कारण मुगल जमींदार या बीजापुर हँबैरन के पुत्र थे; जिसका अपने वास्तविक क्षेत्र

पर शासन करने का कोई कानूनी आधार नहीं है। वे किसी राजा के बराबर का दर्जा पाने का दावा नहीं कर सकते थे। साथ ही, जिन लोगों पर उसने बिना राज्याभिषेक के शासन किया, उनसे वास्तविक निष्ठा या भक्ति की अपेक्षा करना गलत था। राज्याभिषेक के बिना सभी रैयतों को अपनी आज्ञा या आदेश को गंभीरता से नहीं लेना था। चूंकि राज्याभिषेक नहीं हुआ था, इसलिए किसी संधि पर हस्ताक्षर करना, औपचारिक रूप से किसी को जमीन देना और हमारी राजनीतिक सत्ता के भविष्य की गारंटी देना संभव नहीं था। यह शाही उपाधि अन्य मराठा नेताओं की चुनौतियों को भी रोक सकती थी, जिनके साथ शिवाजी राजे तकनीकी रूप से बराबर थे। इसके अलावा, शिवराय हिंदू मराठों या मुसलमानों द्वारा शासित क्षेत्र में एक सह-हिंदू संप्रभुता प्रदान कर सकता था।

ऐतिहासिक दस्तावेजों से यह भी स्पष्ट होता है कि उस समय कई मराठा सरदारों में ईर्ष्या की भावना थी जो सामाजिक रूप से भोसले परिवार के बराबर थे। ऐसे लोगों ने खुद को शिवाजी राजा का सेवक कहने से इनकार कर दिया और कहा कि वे आदिल शाह के वफादार नौकर थे। अपने लेखन में, शिवाजी भोसले अभी भी एक विद्रोही और देशद्रोही थे। उनके दृष्टिकोण को बदलने के लिए राज्याभिषेक की भी आवश्यकता थी। एक औपचारिक राज्याभिषेक ने ऐसे ईर्ष्यालु सरदारों को संदेश भेजा होगा कि शिवाजी भोसले अब छत्रपति थे और बीजापुर और गोवालकोंडा के शाहों के बराबर थे।

प्रस्तावित राज्याभिषेक की तैयारी 1673 में शुरू हुई। हालाँकि, कुछ विवादास्पद मुद्दों ने राज्याभिषेक में लगभग एक वर्ष की देरी की। शिवाजी के दरबार में ब्राह्मणों के बीच एक विवाद उत्पन्न हुआ : उन्होंने शिवराय को राजा के रूप में स्थापित करने से इनकार कर दिया क्योंकि यह स्थिति हिंदू समाज की क्षत्रिय (योद्धा) जाति के लिए आरक्षित थी। शिवराय कृषक ग्राम प्रधानों के वंश से आते थे और तदनुसार ब्राह्मणों द्वारा उन्हें शूद्र (कृषक) जाति के रूप में वर्गीकृत किया गया था। उन्होंने कहा कि शिवराय ने कभी पवित्र जनेऊ समारोह नहीं किया था और क्षत्रियों द्वारा पहने जाने वाले जनेऊ को कभी नहीं पहना था।

प्राचीन हिंदू शास्त्रों के अनुसार केवल क्षत्रिय वर्ण के व्यक्ति को ही राजा के रूप में अभिषिक्त किया जा सकता था और केवल ऐसा व्यक्ति ही हिंदू रैयत का राजा होने का दावा कर सकता था। शिवाजी महाराज के भोसले वंश को क्षत्रिय नहीं माना जाता था, न ही वे ब्राह्मण थे। बेशक इन शास्त्रों के अनुसार भोसले वंश शूद्र था और ऐसे कबीले के व्यक्ति को राजा होने का कोई अधिकार नहीं था। एक ऐसी स्थिति पैदा हुई जहां पूरे भारत के ब्राह्मण शामिल होंगे और शिवाजी भोसले को

केवल तभी आशीर्वाद देंगे जब उन्हें आधिकारिक रूप से 'क्षत्रिय' के रूप में ताज पहनाया जाएगा।

स्वराज्य को उस समय एक पंडित की आवश्यकता थी जो शूद्रकुलोत्पन्ना के रूप में राज्याभिषेक का विरोध करने वालों का मुंह बंद कर सके। इस आवश्यकता की पूर्ति विश्वेश्वर नामक पंडित के रूप में हुई। इस पंडिता का उपनाम 'गगाभट्ट' रखा गया था और उस समय काशीक्षेत्र में ब्रह्मदेव या व्यास के रूप में लोकप्रिय थे। उन्होंने कहा कि उन्हें एक वंशावली मिली है जिससे यह साबित होता है कि शिवाजी राजे सिसोदियों के वंशज थे और इस तरह वास्तव में एक क्षत्रिय थे, लेकिन उनके पदनाम के लिए उचित समारोहों की आवश्यकता थी। इस स्थिति को लागू करने के लिए, शिवाजी महाराज ने एक जनेऊ संस्कार किया और एक क्षत्रिय से अपेक्षित वैदिक अनुष्ठानों के अनुसार अपनी पत्नी से पुनर्विवाह किया।

पहले कुछ हिचकिचाहट के बाद, पंडित गागाभट शिवाजी भोसले को क्षत्रिय के रूप में स्वीकार करने के लिए तैयार हो गए। बालाजी अवाजी और कुछ अन्य साथियों ने यह साबित करने का बीड़ा उठाया कि भोसले वंश उदयपुर के क्षत्रिय कबीले से संबंधित था। इतने पुख्ता सबूतों के बाद गागाभट्ट महाराष्ट्र आने और शिवाजी भोसले के राज्याभिषेक के मुख्य पुजारी के रूप में जिम्मेदारी लेने के लिए तैयार थे। बेशक, उन्होंने इसके लिए एक बड़ा दक्षिण भी लिया। शिवराय और उनके साथियों ने गागाभट्ट का युद्ध जैसा स्वागत करने के लिए सतारा से कई मील की दूरी तय की।

28 मई को शिव राय ने इतने लंबे समय तक अपने पूर्वजों और स्वयं के क्षत्रिय संस्कारों का पालन न करने के लिए तपस्या की। उसके बाद उन्हें गागा भट्ट द्वारा पवित्र धागा पहनाया गया। अन्य ब्राह्मणों के आग्रह पर, गागा भट्ट ने वैदिक मंत्र को त्याग दिया और शिवाजी को ब्राह्मणों के बराबर रखने के बजाय द्विज जीवन के एक संशोधित रूप में दीक्षित किया। अगले दिन, शिवराय ने अपने जीवनकाल में जानबूझकर या अनजाने में किए गए पापों का प्रायश्चित किया। वे अलग-अलग सात धातुओं जैसे सोना, चाँदी और तालम लिनन, कपूर, नमक, शक्कर आदि से तौले जाते थे। इन सभी धातुओं और लेखों के साथ एक लाख हूणों को ब्राह्मणों में बाँट दिया गया। लेकिन इससे भी ब्राह्मणों का लालच पूरा नहीं हुआ। दो विद्वान ब्राह्मणों ने बताया कि जब शिवाजी राजा ने छापा मारा तो ब्राह्मणों ने गायों को मार डालास्त्रियां और बच्चे मारे गए, शहरों को जला दिया गया और 8,000 रुपये की कीमत चुकाकर उन्हें इस पाप से मुक्त किया जा सकता

था और शिवाजी महाराज ने यह राशि चुकाई। सभा के भोजन, सामान्य भिक्षा, सिंहासन और आभूषणों पर कुल खर्च 1.5 लाख रुपये तक पहुंच गया।

6 जून, 1674 को, शिवाजी महाराज को रायगढ़ किले में एक भव्य समारोह में मराठा साम्राज्य (हिंदवी स्वराज्य) के राजा के रूप में ताज पहनाया गया था । हिंदू कैलेंडर में वह दिन 1596 में ज्येष्ठ महीने के पहले पखवाड़े का 13वां दिन (त्रयोदशी) था । गागा भट्ट ने सात पवित्र नदियों यमुना , सिंधु , गंगा , गोदावरी , नर्मदा , कृष्णा और कावेरी का नामकरण किया ।पानी से भरे सोने के बर्तन से शिवजी के सिर पर पानी डाला और वैदिक राज्याभिषेक मंत्रों का जाप किया। जन्म देने के बाद, शिवाजीराज ने अपनी माँ जीजाबाई को प्रणाम किया और उनके पैर छुए। समारोह के लिए लगभग पचास हजार लोग रायगढ़ा पर एकत्रित हुए। शिवाजी महाराज का नाम शकार्ता ("युग का संस्थापक") और छत्रपति ("संप्रभु") रखा गया था। उन्होंने हांडव धर्मधरक (हिंदू धर्म के रक्षक) की उपाधि भी धारण की।

राज्याभिषेक के दिन से, शिवराज ने शिवराजभिषेक शक शुरू किया और शिवराय मुद्रा जारी की। इसके अलावा एक नया कालक्रम शुरू हुआ और एक नया शक युग शुरू हुआ, एक फ़ारसी-संस्कृत शब्दकोश बनाया गया। फारसी के स्थान पर संस्कृत शब्दों के प्रयोग का आदेश दिया। पंचांगशुद्धि करने के लिए भी मजबूर। इसके लिए कृष्ण दैवज्ञ नामक ज्योतिषी को ले आए। इस ज्योतिषी ने आदेश दिया कि पुस्तक लिखकर संबंधितों को बांट दी जाए। वे जहाँ से थे उन्होंने 'कारणकौस्तुभ' नामक ग्रंथ भी लिखा।

• दूसरा राज्याभिषेक

शिवाजी महाराज की माता जीजाबाई का निधन 18 जून 1674 को हुआ था । मराठों ने एक तांत्रिक पुजारी निश्चल पुरी गोस्वामी को बुलाया, जिन्होंने घोषणा की कि मूल राज्याभिषेक अशुभ सितारों के तहत हुआ था और दूसरा राज्याभिषेक आवश्यक था। 24 सितंबर 1674 को हुए इस दूसरे राज्याभिषेक ने दोहरा उद्देश्य पूरा किया; जो अभी भी मानते थे कि शिवाजी अपने पहले राज्याभिषेक के वैदिक संस्कारों के योग्य नहीं थे, इसलिए उन्हें कम-प्रतियोगिता वाले अतिरिक्त समारोह के साथ ताज पहनाया गया।

गागाभट्ट द्वारा किए गए अभिषेक के बाद, शिवाजी महाराज ने 'शिवराज्यभिषेक कल्पतरु' नामक समकालीन संस्कृत ग्रंथों के अनुसार आश्विन

शुद्ध पंचमी (24 सितंबर 1674) को पुराणोक्त या तांत्रिक पद्धति पर अपना दूसरा राज्याभिषेक किया। कवि अनिरुद्ध सरस्वती ने इस पुस्तक को लिखा था और इसमें दो व्यक्तियों, निश्चलपुरी गोसावी और गोविंद के बीच एक संवाद है। इसमें कहा गया है कि "गागभट्ट द्वारा किए गए अभिषेक में कई गलतियाँ थीं और महाराजा को इसके प्रतिकूल परिणाम भुगतने पड़ रहे हैं।" इसमें जनरल प्रतापराव गूजर की मृत्यु, प्रतापगढ़ में बिजली गिरने, महाराजा की पत्नी काशीबाई की मृत्यु और राज्याभिषेक के बारह दिन बाद ही राजमाता जीजाबाई की मृत्यु का उल्लेख है।

इससे यह निष्कर्ष निकाला जा सकता है कि उस समय के पुजारियों के बीच राज्याभिषेक की वैदिक पद्धति के बारे में कुछ गलतफहमियां रही होंगी। विशेष रूप से, तंत्रमार्ग की वकालत करने वाले पुजारियों ने तांत्रिक अनुष्ठानों को वैदिक अनुष्ठानों से श्रेष्ठ माना होगा और इसलिए तंत्रमार्ग की वकालत करने वाले पुजारियों ने शिवाजी महाराज से पौराणिक या तांत्रिक अभिषेक करने का आग्रह किया होगा। जो भी कारण हो, 24 सितंबर 1674 को तकनीकी रूप से शिवाजी महाराज का दूसरा राज्याभिषेक हुआ। राज्याभिषेक समारोह बहुत ही सादे तरीके से आयोजित किया गया था। पश्चिमी इतिहासकारों या उस समय के कई क्रांतिकारियों द्वारा इस दूसरे राज्याभिषेक का कोई उल्लेख नहीं है।

- ## 1674 की शुरुआत

1674 की शुरुआत में, मराठों ने एक आक्रामक अभियान चलाया। अक्टूबर में खानदेशा में छापा मारा। बीजापुरी फोंडा (अप्रैल 1675), कारवार (मध्य वर्ष) और कोल्हापुर (जुलाई) पर भी कब्जा कर लिया। नवंबर में, मराठा नौसेना ने जंजीरा में सिद्दियों को शामिल किया , लेकिन वहां असफल रही। बीमारी से उबरने और दक्खनियों और अफगानों के बीच बीजापुर में छिड़े गृह युद्ध का लाभ उठाने के बाद, शिवाजी राजा ने अप्रैल 1676 में अथानी पर चढ़ाई की।

अपने अभियान के दौरान, शिवाजी ने दक्खनी देशभक्ति की भावना की अपील की, कि दक्षिण भारत एक मातृभूमि थी जिसे बाहरी लोगों से संरक्षित किया जाना चाहिए। उनकी अपील कुछ हद तक सफल रही और 1677 में शिवाजी राजा ने एक महीने के लिए हैदराबाद का दौरा किया और गोवालकोंडा सल्तनत के कुतुब शाह के साथ एक संधि पर हस्ताक्षर किए । इसमें कुतुब शाह बीजापुर के साथ अपने गठबंधन को त्यागने और मुगलों का एक साथ विरोध करने के लिए सहमत

हुए।

1677 में, शिवाजी राजा ने 30,000 घुड़सवार और 40,000 पैदल सेना के साथ और गोवलकोंडा तोपखाने और धन की मदद से कर्नाटक पर आक्रमण किया । दक्षिण की ओर बढ़ते हुए, शिवराय ने वेल्लोर और गिंजी के किलों पर कब्जा कर लिया. इन किलों में से उत्तरार्ध उनके बेटे राजाराम प्रथम के शासनकाल के दौरान मराठों की राजधानी बन गया ।

शिवाजी का इरादा अपनी दूसरी पत्नी तुकाबाई (पूर्व में मोहिते) को मिलाना था, जिसने शाहजी और वेंकोजी (एकोजी I), शाहजीराजा के बेटे और शिवाजीराजा के सौतेले भाई के बाद तंजावुर पर शासन किया था। प्रारंभिक आशाजनक वार्ता बाद में विफल रही, इसलिए रायगढ़ लौटकर , शिवाजी ने 26 नवंबर 1677 को अपने सौतेले भाई की सेना को हराया और मैसूर पठार पर अधिकांश संपत्ति पर कब्जा कर लिया ।

वेंकोजी की पत्नी दीपाबाई, जिनका शिवराय गहरा सम्मान करते थे, ने शिवराय के साथ नए सिरे से बातचीत की और अपने पति को मुस्लिम सलाहकारों से दूर रहने के लिए राजी किया। अंत में, शिवाजी राजा दीपाबाई और उनकी महिला वंशजों को उनके द्वारा जब्त की गई कई संपत्तियों को सौंपने के लिए तैयार हो गए। वेंकोजी ने प्रांतों के उचित प्रशासन और शाहजीराज के मकबरे के रखरखाव के लिए कई शर्तों को भी स्वीकार किया ।

• मृत्यु और उत्तराधिकार

शिवाजीराज के उत्तराधिकारी का प्रश्न जटिल था। 1678 में, शिव राय ने पन्हाला में संभाजी राजा को कैद कर लिया । उसके बाद संभाजी राजे अपनी पत्नी के साथ एक साल के लिए मुगलों के पास चले गए । बाद में वह बिना पछतावे के घर लौट आया और फिर से पन्हाला में ही कैद हो गया।

शिवाजी महाराज का 50 वर्ष की आयु में 3-5 अप्रैल 1680 को हनुमान जयंती की पूर्व संध्या पर निधन हो गया। उनकी मृत्यु का कारण विवादित है। ब्रिटिश रिकॉर्ड बताते हैं कि 12 दिनों की बीमारी के बाद उनकी मृत्यु हो गई। पुर्तगाली-भाषा बिब्लियोटेका नैशनल डी लिस्बोआ का एक समकालीन दस्तावेज़ मौत का कारण एंथ्रेक्स बताता है। हालांकि, शिवाजी राजा की जीवनी भासबाद बखर के लेखक कृष्णजी अनंत भासबाद कहते हैं कि मौत का कारण बुखार था । पुतलाबाई निःसंतान थीं और शिवाजी की जीवित पत्नियों में सबसे छोटी थीं।सती उनकी

अंत्येष्टि में कूद पड़ीं । दूसरी जीवित पत्नी, सकवरबाई को सती होने की अनुमति नहीं थी क्योंकि उनकी एक छोटी बेटी थी।

शिवाजीराज की मृत्यु के बाद, सोयाराबाई ने विभिन्न मंत्रियों के साथ अपने सौतेले बेटे संभाजी के बजाय अपने बेटे राजाराम को ताज पहनाने की योजना बनाई । 21 अप्रैल, 1680 को दस वर्षीय राजाराम का राज्याभिषेक हुआ। हालांकि, जनरल को मारने के बाद, संभाजी राजा ने 18 जून को रायगढ़ पर कब्जा कर लिया और औपचारिक रूप से 20 जुलाई को सिंहासन पर चढ़ गए। राजाराम , उनकी पत्नी जानकीबाई और माता सोयराबाई को कैद कर लिया गया।

शिवाजी महाराज ने शासन के लिए आठ मंत्रियों वाला अष्टप्रधान मंडल नियुक्त किया था। यह मंत्री राजा को शासन के कार्यों की सलाह देता था।

- मराठी और संस्कृत भाषाओं का प्रचार और विकास

शिव राय के शासन काल में शासन में पारसी भाषा का व्यापक प्रयोग हुआ। लेकिन शिवराय ने इसमें महत्वपूर्ण बदलाव किए। शिवराय ने अपने अधिकारियों की एक समिति नियुक्त की। समिति को संस्कृत शब्दों का सुझाव देने का काम सौंपा गया था जो पारसी और अरबी शब्दों के बजाय इस्तेमाल किए जा सकते थे। 1677 में इस समिति ने 'राज्यव्यासव्यकोष' नामक शब्दकोष की शुरुआत की। शिवराय की शाही मुहर भी संस्कृत में थी।

- धार्मिक नीति

शिवाजी महाराज ने एक धर्मनिरपेक्ष और सहिष्णु दृष्टिकोण के साथ शासन किया। वह विभिन्न धर्मों के बीच सद्भाव में विश्वास करते थे। जब औरंगजेब ने जजिया कर लगाना शुरू किया, तो शिवराय ने जजिया कर को समाप्त करने की मांग करते हुए एक पत्र लिखा और औरंगजेब को हिंदू धर्म के विश्वासों और क्षेत्रों का सम्मान करने की सलाह दी, जैसा कि अकबर ने किया था। उनकी सेना में शुरू से ही मुसलमान शामिल थे। 1656 में पठानों का पहला जत्था बना। दरिया सारंग, शिव राय का नौसेना कमांडर, एक मुसलमान था । संत रामदास को शिव राय का गुरु माना जाता था, लेकिन हाल के शोध से पता चला है कि संत रामदास अपने करियर में बाद में शिव राय से मिले थे।

- राजमुद्रा

राजमुद्रा छत्रपति शिवाजी राजा, जब उन्होंने पुणे का कार्यभार संभाला, तो उन्होंने अपनी स्वतंत्र राजमुद्रा बनाई। शाहजी राजे और जीजाबाई की मुद्रा पारसी भाषा में थी, लेकिन शिवाजी महाराज ने शाही मुद्रा के लिए संस्कृत भाषा का प्रयोग किया। इस मुहर पर पाठ इस प्रकार है

"प्रतिपचंद्रलेखेव वर्धिष्णुविश्ववंदिता शाहसूनो: शिवसयैष मुद्रा भद्राय राजते"। इसका अर्थ यह है कि जिस प्रकार प्रतिपदा का चंद्रमा बढ़ता है और पूरे ब्रह्मांड में पूजनीय हो जाता है, उसी तरह शाहजी के पुत्र शिवाजी का यह आसन और इसकी प्रसिद्धि बढ़ेगी।

- शिवाजी महाराज की युद्ध तकनीक

शिवाजी महाराज के पास अन्य साम्राज्यों की तुलना में एक छोटी लेकिन अच्छी तरह से सुसज्जित और अनुशासित सेना थी। इस सेना में मुख्य रूप से मराठा और कुनबी जाति के मावल शामिल थे। शिवाजी महाराज जानते थे कि विशाल और गोला-बारूद और तोपखाने से लैस मुगल सेना को पारंपरिक युद्ध से हराना मुश्किल होगा। इसलिए, महाराजा ने युद्ध की अपनी रणनीति विकसित की, जिसे 'गनीमी काव' के नाम से जाना जाता है। शिवराय ने आसपास के भूगोल और घाटियों के गहन ज्ञान, तेज सैनिकों और दुश्मन पर अचानक हमले जैसी रणनीति का इस्तेमाल किया। यह रणनीति बहुत सफल रही। मुगलों की बड़ी सेना शिव राय की छोटी ताकतों के सामने अप्रभावी साबित हुई।

- 1758 में मराठा साम्राज्य अपनी सफलता के चरम पर था

शिवाजी महाराज के बाद मराठों का मुगलों से युद्ध जारी रहा। उनकी मृत्यु के बाद, 1681 में, औरंगज़ेब ने मराठा-आयोजित प्रदेशों, बीजापुर में आदिल शाही और गोवालकोंडा में कुतुब शाही पर कब्जा करने के लिए दक्षिण पर आक्रमण किया। वह इन दोनों सल्तनतों को नष्ट करने में सफल रहा लेकिन दक्कन में 27 साल बिताने के बावजूद वह मराठों को अपने अधीन नहीं कर सका। इस अवधि के दौरान 1689 में, संभाजी राजा को मुगलों ने पकड़ लिया और यातनाएं दी और मार डाला । मराठों ने बाद में संभाजीराजा के राजाराम और बाद में राजाराम महाराज

की विधवा ताराबाई को उत्तराधिकारी बनायाके नेतृत्व में प्रबल प्रतिरोध किया लड़ाइयों के कारण, मुगलों और मराठों के बीच अक्सर क्षेत्र का आदान-प्रदान होता था। बाद में, 1707 में, मुगलों की हार के साथ संघर्ष समाप्त हो गया।

शाहू महाराज , जो शिवाजी महाराज के पोते और संभाजी राजा के पुत्र थे, को 27 साल के संघर्ष के दौरान औरंगजेब ने बंदी बना लिया था। संभाजी राजा की मृत्यु के बाद, उनके उत्तराधिकारियों ने शाहूराज को बचाया। उत्तराधिकार के लिए अपनी चाची ताराबाई के साथ एक संक्षिप्त शक्ति संघर्ष के बाद, शाहूराज ने 1707 से 1749 तक मराठा साम्राज्य पर शासन किया। अपने शासनकाल के प्रारंभ में, उन्होंने बालाजी विश्वनाथ और बाद में उनके वंशजों को मराठा साम्राज्य के पेशवा (प्रधान मंत्री) के रूप में नियुक्त किया । बालाजी के पुत्र, पेशवा बाजीराव प्रथम और पोते, पेशवा बालाजी बाजीराव के अधीन मराठा साम्राज्य का बहुत विस्तार हुआ । अपनी सफलता की ऊंचाई पर, मराठा साम्राज्य ने दक्षिणी तमिलनाडु पर शासन किया . उत्तर में पेशावर (वर्तमान खैबर पख्तूनख्वा) और पूर्व में बंगाल तक फैला हुआ है । 1761 में, मराठा सेना पानीपत की तीसरी लड़ाई अफगान दुर्रानी साम्राज्य के अहमद शाह अब्दाली से हार गई, जिससे उत्तर-पश्चिम भारत में उनका शाही विस्तार रुक गया। पानीपत के दस साल बाद, मराठों ने माधवराव पेशवा के अधीन उत्तरी भारत में अपना प्रभाव वापस पा लिया.

एक बड़े साम्राज्य को प्रभावी ढंग से प्रबंधित करने के प्रयास में, शाहूराजा और पेशवाओं ने सबसे मजबूत शूरवीरों को अर्ध-स्वायत्तता प्रदान की और मराठा लीग का निर्माण किया। वे बड़ौदा के गायकवाड़ , इंदौर और मालवा के होल्कर , ग्वालियर के सिंधिया और नागपुर के भोंसले के रूप में जाने गए। 1775 में, ईस्ट इंडिया कंपनी ने पुणे में उत्तराधिकार संघर्ष में हस्तक्षेप किया , जिसके परिणामस्वरूप प्रथम आंग्ल-मराठा युद्ध हुआ । द्विवतीय और तृतीय आंग्ल-मराठा युद्धअंग्रेजों द्वारा मराठों की हार (1805-1818) तक मराठा भारत में प्रमुख शक्ति बने रहे। लेकिन इन युद्धों के बाद भारत के अधिकांश हिस्सों में कंपनी का प्रभुत्व हो गया।

भारत में अंग्रेजों के आने से पूर्व लेन-देन तिथियों के अनुसार होता था। अंग्रेजी राज्य आने के बाद, ग्रेगोरियन कैलेंडर के अनुसार लेन-देन शुरू हुआ ।

जब भारत में ग्रेगोरियन कैलेंडर लागू हुआ, तो जो लोग पैदा हुए थे, वे अपनी जन्मतिथि पर पैदा हुए थे। महात्मा फुले , महात्मा गांधी , डॉ. बाबासाहेब अम्बेडकर , लोकमान्य तिलक सभी का जन्म तब हुआ था जब भारत में ग्रेगोरियन कैलेंडर पेश किया गया था। तो यह उनकी जयंती तिथि पर किया जाता

है। तुकाराम , बसवेश्वर, शिवाजी, गौतम बुद्ध सभी का जन्म भारत में ग्रेगोरियन कैलेंडर की शुरुआत से पहले हुआ था। उनके समय में सारा लेन-देन तिथि से होता था। इनका जन्मदिन तिथि के साथ मनाया जाता है।

आज के ग्रेगोरियन कलैण्डर के अनुसार शिवाजी महाराज की जन्मतिथि 19 फरवरी निर्धारित है, वह कलैण्डर शिवाजी के समय यूरोप में भी प्रचलित नहीं था। 1752 में जब अंग्रेजों ने ग्रेगोरियन कैलेंडर को अपनाया, तब तक जूलियन कैलेंडर उनके साम्राज्य में आधिकारिक था। जूलियन कैलेंडर और ग्रेगोरियन कैलेंडर में 1700 तक 10 दिन और 1700 के बाद 11 दिन का अंतर है। (जूलियन कैलेंडर आगे बढ़ गया था।) इसलिए 19 फरवरी की जूलियन कैलेंडर तिथि 10 - 11 दिनों से कम है। (4 अक्टूबर 1582 की जूलियन तिथि के अगले दिन ग्रेगोरियन 15 अक्टूबर 1582 है।) कई जगहों पर शिवाजी महाराज की जन्म तिथि के अनुसार उनके जन्म के समय प्रचलित कालक्रम के अनुसार शिवाजी जयंती मनाई जाती है। शासन जयंती तिथि के अनुसार।

जब यह माना जाता था कि शिवाजी का जन्म वर्ष 1627 में हुआ था, तब उनकी जयंती की तिथि वैशाख शुद्ध तृतीया थी। जब जन्म का वर्ष ठीक 1630 था, तब फाल्गुन वद्य तृतीया होने लगी। यदि शिवाजी के जन्म के समय ग्रेगोरियन कैलेंडर उपयोग में होता, तो 1630 की फाल्गुन वद्य तृतीया 19 फरवरी को पड़ती। इसलिए, 2001 के बाद से, आधिकारिक शिव जयंती 19 फरवरी को मनाई गई है।

- पत्नी

1. काशीबाई जाधव
2. गुणवंतीबाई इंगले
3. पुतलाबाई पालकर
4. लक्ष्मीबाई से पूछो
5. सईबाई निंबालकर
6. सकवरबाई गायकवाड़
7. सगुनाबाई शिंदे
8. सोयराबाई मोहिते

- वंशज

1. छत्रपति संभाजी भोसले
2. छत्रपति राजाराम राजे भोसले
3. लड़कियां
4. अम्बिकाबाई महादिक
5. कमलाबाई (सकवरबाई की बेटी)
6. दीपाबाई
7. राजकुंवरबाई शिर्के (गनोजी शिर्के की पत्नी सगुनाबाई की बेटी)
8. रानुबाई पाटकर
9. सखुबाई निंबालकर (सईबाई की बेटी)

- बहू/बहू

1. अंबिकाबाई (सती जी)
2. जानकीबाई
3. राजाराम की पत्नी ताराबाई (माहेर की मोहिते)
4. संभाजी की पत्नी येसुबाई
5. राजसबाई (पुत्र संभाजी की पत्नी)
6. सगुनाबाई (संभाजी के बेटे शाहू की पत्नी)

- पोते

1. संभाजी के पुत्र - शाहू
2. ताराबाई-राजाराम के बच्चे - शिवाजी द्वितीय
3. राजसबाई के बच्चे - द्वितीय संभाजी
4. पतवार

ताराबाई के पोते रामराजा को शाहू ने गोद लिया था, इस प्रकार वह उनके अपने चाचा बन गए।

संभाजी द्वितीय के पुत्र - द्वितीय शिवाजी (वास्तव में तीसरे शिवाजी) (कोल्हापुर)

- त्यौहार

शिवाजी की जयंती को महाराष्ट्र में शिव जयंती कहा जाता है । शिवाजी के जन्मदिन पर विवाद के कारण महाराष्ट्र में साल में कम से कम दो बार शिव जयंती मनाई जाती है। उस दिन, ढोल-नगाड़ों की थाप और मालाओं की थाप और शिवाजी की मूर्तियों पर माल्यार्पण के साथ जुलूस निकलते हैं। मुंबई जैसे शहरों में, शिव जयंती के जुलूसों में 100 से अधिक झांकियां होती हैं और उन पर झांकियां निकलती हैं।

इस दिन अक्सर भिवंडी और मालेगांव में दंगे होते थे। ईसा पश्चात 1970 में, भिवंडी में एक शिव जयंती जुलूस के कारण दंगे हुए क्योंकि यह मस्जिद के सामने बहुत देर तक रुका रहा। इसलिए भिवंडी में शिव जयंती के जुलूसों पर 14 साल का प्रतिबंध लगाया गया था। एडी 1984 में अनुमति मिली थी और उस साल हुए भीषण दंगों में कई वाहन जला दिए गए थे। इसलिए अब वाहनों को जुलूस में शामिल होने की अनुमति नहीं है। हर शिव जयंती से एक सप्ताह पहले भिवंडी के झुग्गी-झोपड़ी वाले अपने बच्चों को लेकर परगई चले जाते हैं।

2

मराठा साम्राज्य

मराठा साम्राज्य ई 1630 से ई 1818 के दौरान भारत में एक साम्राज्य था। अपने चरम पर, इस साम्राज्य ने दक्षिण एशिया के एक बड़े क्षेत्र को कवर किया । इस साम्राज्य की स्थापना छत्रपति शिवाजी महाराज ने ईस्वी में की थी। 1645 में, उन्होंने बीजापुर साम्राज्य से पुणे के पास तोरणा किले पर विजय प्राप्त की और इसे स्थापित किया। इस साम्राज्य की राजभाषा मराठी थी और इसे हिन्दू स्वराज्य के नाम से भी जाना जाता था ।

छत्रपति शिवाजी महाराज के पिता शाहजी राजे ने पहले तंजावुर पर विजय प्राप्त की थी, जो छत्रपति शिवाजी महाराज के सौतेले भाई वेंकोजी राव उर्फ एकोजी 1 और उस राज्य, तंजावुर के मराठा साम्राज्य के पास गया था।रूप में जाना जाता था बैंगलोर (बैंगलोर) विजयनगर साम्राज्य जिसकी स्थापना 1537 में एक जागीरदार, केम्पे गौड़ा I द्वारा की गई थी, ने विजयनगर साम्राज्य से स्वतंत्रता की घोषणा की, इसे 1638 में राणादुल्ला खान के नेतृत्व में एक बड़ी आदिलशाही बीजापुर सेना ने अपने लेफ्टिनेंट, शाहजी भोसले के साथ कब्जा कर लिया था।

बनाया, जिसने केम्पे गौड़ा 3 को हराया और एक जागीर (संपत्ति) के रूप में बैंगलोर के शाहजी को प्रदान किया गया। उनके काल में शिवाजी महाराज ने औरंगजेब के खिलाफ छापामार हथियारों का इस्तेमाल कर युद्ध किया और साम्राज्य के विस्तार में वृद्धि की। ईसा पश्चात 1680 में छत्रपति संभाजी महाराज की मृत्यु के बादसिंहासन पर चढ़ा और अपने 8 साल के शासनकाल के दौरान स्वराज्य की सीमाओं का विस्तार किया, लेकिन 1689 में फितूरी औरंगजेब द्वारा उसकी हत्या कर दी गई।

स्वराज्य कुछ समय के लिए अस्थिर रहा, सरसेनापति संताजी घोरपड़े और धनाजीराव जाधव जैसे बहादुर सरदारों ने स्वराज्य के अस्तित्व को बनाए रखा। औरंगजेब की मृत्यु के बाद, हालांकि शिवाजी महाराज के वंशजों ने शासन किया, पेशवाओं ने, जो प्रधान मंत्री थे, हिंदू स्वराज्य की सीमाओं का विस्तार किया। पेशवा एक उत्कृष्ट योद्धा थे और उनके शासनकाल में मराठा साम्राज्य का और विस्तार हुआ। मराठों को ब्रिटिश ईस्ट इंडिया कंपनी द्वारा भारतीय उपमहाद्वीप पर नियंत्रण करने से पहले अधिकांश भारतीय उपमहाद्वीप में मुगल शासन को समाप्त करने का श्रेय दिया जाता है । अंत में , वे पानीपत की तीसरी लड़ाई में अफगान सेना से हार गए । अंतिम पेशवा , बाजीराव द्विवतीय , तीसरे आंग्ल-मराठा युद्ध में अंग्रेजों से हार गए थे, और अंग्रेजों ने उन्हें पेंशन पर बिठूर (झासी की रानी के दौरान) भेज दिया था।

- ## मराठा साम्राज्य के संस्थापक शिवाजी महाराज

गुरिल्ला कावा, पहाड़ों में अभेद्य किलों का निर्माण और इस तरह आसपास के क्षेत्र पर नजर रखना मराठा साम्राज्य की प्रारंभिक नींव थी। साम्राज्य की एक बड़ी तटरेखा थी और सेनासरखेल कान्होजी आंग्रे और अन्य राजवंशों की मदद से इस सीमा को प्रभावी ढंग से बनाए रखा । यह दक्षिण भारत के अन्य राज्यों और मराठा साम्राज्य के बीच एक बड़ा अंतर था। जैसा कि मराठा आर्मेडा ने पोर्तुगीज और ब्रिटिश आर्मेडास का समर्थन किया था , ये विदेशी शक्तियां तटों से आक्रमण करने के लिए उनका उपयोग नहीं कर सकती थीं। सेनासरखेल कान्होजी आंग्रे ने भारत का पहला बड़ा शस्त्रागार खड़ा किया, इसलिए उन्हें भारतीय शस्त्रागार का जनक कहा जाता है ।

- ## शिवाजी महाराज का शासनसंपादन करना

महाराष्ट्र में पुणे के निकट रहने वाले मराठों ने मुगलों को इस क्षेत्र से दूर रखने में सफलता प्राप्त की थी । उन्होंने शिवाजी महाराज के नेतृत्व में बीजापुर के मुस्लिम सुल्तानों से खुद को स्वतंत्र कर लिया। इसके बाद वह और अधिक आक्रामक हो गया और उसने उत्तर में कई आक्रमणों द्वारा अपने राज्य का विस्तार किया। ईसा पश्चात 1674 में शिवाजी महाराज छत्रपति बने। मराठों ने महाराजा की मृत्यु तक पूरे मध्य भारत को जीत लिया था।

- ## शिवाजी महाराज के उत्तराधिकारीसंपादन करना

1681 में , महाराजा के ज्येष्ठ पुत्र संभाजीराजा बने और अपने पिता की विस्तार की नीति को जारी रखा। राजपूत-मराठा एकीकरण को रोकने और दक्कन के सुल्तानों के साथ संपर्क स्थापित करने के लिए औरंगज़ेब अपने पूरे दरबार और 500,000 की सेना के साथ दक्षिण आया। अपर्याप्त सेना और धन होने के बावजूद संभाजी महाराज ने 1681 से 1689 तक एक सफल लड़ाई लड़ी। इस अवधि के दौरान, संभाजी महारंजनी ने एक भी किला नहीं खोया और न ही अपने शस्त्रागार का एक भी बड़ा जहाज मुगलों को सौंप दिया।

जंजीरा के सिद्दी, गोवा के पुर्तगाली, बंबई के अंग्रेज, मुगल और संभाजी महाराज के चारों गुटों ने इस राजा को दफनाकर उरला की नागरिकता प्राप्त करने के लिए मुगलों से हाथ मिला लिया, उन्होंने मुगलों को सूचित किया और 1689 में छत्रपति संभाजी फितूरी के कारण महाराज बंदी बना लिए गए। उन्हें गंभीर शारीरिक प्रताइना दी गई। उसमें उनकी मौत हो गई। संभाजी महाराज की मृत्यु औरंगजेब की आशाओं के विपरीत हुई, मराठों ने बिना आत्मसमर्पण किए इससे प्रेरणा ली और और अधिक उग्र रूप से युद्ध करने लगे। संभाजी महाराज के भाईराजाराम बाद में राजा बने। सतार को 1700 में मुगलों ने घेर लिया था और मुगलों ने कब्जा कर लिया था। इसी अवधि के दौरान सिंहगढ़ में राजाराम राजेन की मृत्यु हो गई और उनकी पत्नी ताराबाई ने अपने बेटे संभाजी द्वितीय के नाम पर राज्य संभाला।

उसने युद्धविराम का प्रस्ताव रखा लेकिन सम्राट तैयार नहीं हुआ। उसी वर्ष, मराठा नर्मदा के पार पहुंचे । मालवा के मराठों के नए हमले और हैदराबाद में लूटपाट ने बादशाह को नाराज कर दिया। दक्षिण में दो दशक के युद्ध उनके खजाने पर दबाव डाल रहे थे। औरंगजेब 1705 में बीमार पड़ गया और दो साल बाद उसकी मृत्यु हो गई। सम्राट छत्रपति शाहू की मृत्यु के बाद, जो छत्रपति संभाजी महाराज के पुत्र थे (यानी छत्रपति शिवाजी महाराज के पोते) को बहादुर शाह ने रिहा कर दिया था । इसके बाद कुछ देर के लिए अफरातफरी मच गई।

अंत में, मराठा नौसेना प्रमुख कान्होजी आंग्रे की मदद से , शाहू ने निर्विवाद मराठा नेतृत्व प्राप्त किया। बालाजी अब पेशवा बन गए। औरंगजेब की मृत्यु के बाद मुगलों के साथ मराठों का युद्ध समाप्त हो गया। इसके बाद मुगल साम्राज्य धीरे-धीरे बिखर गया और मराठा साम्राज्य भारत का सबसे शक्तिशाली राज्य बन गया। 1713 में फारूखसियर मुगल बादशाह बना। उनकी शक्ति दो भाइयों की

शक्ति पर टिकी हुई थी, जिन्हें के रूप में जाना जाता था। इलाहाबाद और पटना के लिएराज्यपाल यहां थे। लेकिन वे बादशाह की बात से सहमत नहीं थे। सैयद बंधुओं और पेशवा बालाजी विश्वनाथ के बीच हुई बातचीत के अनुसार, मराठा सम्राट के खिलाफ लड़ाई में शामिल हो गए। इस वार्ता के अनुसार मराठों को दक्षिण में मुगल शासन स्वीकार करना पड़ा और उन्हें सैन्य तथा आर्थिक सहायता भी देनी पड़ी। बदले में उन्हें एक फरमान मिला जिसके अनुसार उन्हें मराठी धरती पर स्वतंत्रता और गुजरात , मालवा आदि छह वतनों पर राजस्व अधिकार मिला।

वे 1735 में राजस्थान , 1737 में दिल्ली और 1740 में बंगाल पहुंचे। लेकिन मराठी राज्य का निर्माण बहुत ही ढीले ढंग से किया गया था। मराठा सरदारों के बीच दक्कन में एकत्रित राजस्व के विभाजन ने एकता का निर्माण किया। मराठा साम्राज्य अब एक 'महासंघ' बन गया। मराठा शासन के तहत क्षेत्रों को ग्वालियर के शिंदे , बड़ौदा के गायकवाड़ , मालवा के होल्कर के बीच विभाजित किया गया था । और यह मराठी साम्राज्य का स्तंभ बन गया। ताराबाई को बरार का राजस्व अधिकार दे दिया गया और नागपुर उसकी राजधानी बन गई। बाजीराव 1740इसमें मर गया छत्रपति शाहू महाराज ने अपने पुत्र नानासाहेब को पेशवा बनाया। उसी समय, उनके भाई रघुनाथराव ने अपने राज्य का विस्तार किया और पंजाब पहुंचे । 1760 में निजाम की हार के बाद मराठी साम्राज्य अपने चरमोत्कर्ष पर पहुंच गया।

• **साम्राज्य का पतनसंपादन करना**

ई. में मुगल सत्ता के पतन के दौरान। 1756 - ई 1757 में , अफगानिस्तान के अहमद शाह अब्दाली ने दिल्ली पर कब्जा कर लिया । पेशवाओं ने अफगानों का सामना करने के लिए अपनी सेना भेजी। इसमें 13 जनवरी ई 1761 में आज ही के दिन मराठों की निर्णायक पराजय हुई थी। इसे पानीपत की तीसरी लड़ाई के नाम से जाना जाता है । इसके बाद मराठा साम्राज्य का विस्तार रुक गया और विभाजन शुरू हो गया।

1761 के बाद पांच मराठा राज्य स्वायत हो गए। ईसा पश्चात 1775 में पहला युद्ध ब्रिटिश ईस्ट इंडिया कंपनी के साथ लड़ा गया था। इसमें मराठा सरदारों ने एकजुट होकर अंग्रेजों का सामना किया, जिसके फलस्वरूप कई स्थानों पर अंग्रेजों की हार हुई । 1802 में, अंग्रेजों ने एक आंतरिक विवाद में बड़ौदा के उत्तराधिकारी की मदद की । बदले में, उन्होंने बड़ौदा को एक अलग राज्य के रूप में मान्यता दी

और ब्रिटिश आधिपत्य की मान्यता प्राप्त की। दूसरे आंग्ल-मराठा युद्ध (1803 ई. - 1805 ई.) में मराठों ने अपनी स्वतंत्रता तो बचा ली लेकिन उड़ीसा , गुजरात आदि भागों को खोना पड़ा। तृतीय आंग्ल-मराठा युद्ध (1818 ई) मराठों की हार हुई और अंग्रेजों ने लगभग पूरे भारत पर शासन कर लिया। इसमें कोल्हापुर और सतारा को छोड़कर पुणे और देश के अन्य भाग अंग्रेजों के हाथ लग गए। ग्वालियर , इंदौर और नागपुर भी 'स्वतंत्र संस्थाओं' के रूप में ब्रिटिश साम्राज्य में शामिल हो गए।

वे 1735 में राजस्थान , 1737 में दिल्ली और 1740 में बंगाल पहुंचे। लेकिन मराठी राज्य का निर्माण बहुत ही ढीले ढंग से किया गया था। मराठा सरदारों के बीच दक्कन में एकत्रित राजस्व के विभाजन ने एकता का निर्माण किया। मराठा साम्राज्य अब एक 'महासंघ' बन गया। मराठा शासन के तहत क्षेत्रों को ग्वालियर के शिंदे , बड़ौदा के गायकवाड़ , मालवा के होल्कर के बीच विभाजित किया गया था । और यह मराठी साम्राज्य का स्तंभ बन गया। ताराबाई को बरार का राजस्व अधिकार दे दिया गया और नागपुर उसकी राजधानी बन गई। बाजीराव 1740इसमें मर गया छत्रपति शाहू महाराज ने अपने पुत्र नानासाहेब को पेशवा बनाया। उसी समय, उनके भाई रघुनाथराव ने अपने राज्य का विस्तार किया और पंजाब पहुंचे । 1760 में निजाम की हार के बाद मराठी साम्राज्य अपने चरमोत्कर्ष पर पहुंच गया।

3

हाउस ऑफ़ भोंसले

हाउस ऑफ़ भोंसले एक प्रमुख भारतीय शाही घराना है। उन्होंने सिसोदिया राजवंश से वंश का दावा किया, लेकिन संभवतः कुनबी किसान-मैदानी थे। उन्होंने 1674 से 1818 तक छत्रपति या मराठा संघ के सम्राट के रूप में सेवा की, जहां उन्होंने भारतीय उपमहाद्वीप पर शाही प्रभुत्व हासिल किया। उन्होंने सतारा, कोल्हापुर, तंजावुर, नागपुर, अक्कलकोट, सावंतवाड़ी और बारशी जैसे कई राज्यों पर भी शासन किया। हाउस ऑफ भोंसले की स्थापना 1577 में अहमदनगर सल्तनत के मलिक अंबर के प्रमुख जनरल या सरदार मालोजी भोसले द्वारा की गई थी। 1595 या 1599 में, मालोजी को अहमदनगर सल्तनत के शासक बहादुर निज़ाम शाह ने राजा की उपाधि दी थी। बाद में उन्हें पुणे, एलूर (वेरुल), डेरहदी, कन्नारद और सुपे की जागीर दी गई।

उसे पहले शिवनेरी और चाकन पर भी नियंत्रण दिया गया था। ये पद उनके बेटों शाहजी और शरीफजी को विरासत में मिले थे, जिनका नाम एक मुस्लिम सूफी शाह शरीफ के नाम पर रखा गया था भोंसले की उत्पत्ति अस्पष्ट है। जदुनाथ सरकार और अन्य विद्वानों के अनुसार, भोंसले मुख्य रूप से शूद्र जाति के दक्खनी टिलर-मैदानी लोग थे; वे मराठों/कुनबी, एक आकारहीन वर्ग-समूह का हिस्सा थे। हालाँकि, भोंसले की कृषि स्थिति के बारे में विद्वानों ने असहमति जताई है। रोजालिंड ओ'हैनलॉन ने नोट किया कि मराठा-कुनबी के तहत वर्गीकृत जातियों का ऐतिहासिक विकास अधूरा है।

अनन्या वाजपेयी शूद्र की उपाधि को अस्वीकार करती हैं, क्योंकि यह श्रेणी सदियों से प्रवाह की स्थिति में रही है; वह इसके बजाय उन्हें एक मराठी वंश होने के लिए नोट करती है, जिन्होंने डेक्कन सल्तनत या मुगलों की सेवा में होने के

नाते जर्मीदारों और सरदारों के रूप में "उचित रूप से उच्च" सामाजिक स्थिति का आनंद लिया। स्थानीय मौखिक इतिहास और नृवंशविज्ञान की आरसी धेर की व्याख्या के अनुसार, भोंसले देवगिरी के होयसला और यादवों के वंशज हैं, जो गवली संप्रभु थे। तेरहवीं शताब्दी की शुरुआत में, सिम्हाना के एक होयसला चचेरे भाई "बलियेप्पा गोपति सिरसत" अपने देहाती झुंड और कुल-देवता के साथ गदग से सतारा चले गए; संभू महादेव को इस प्रकार सिंघनापुर में एक पहाड़ी की चोटी पर स्थापित किया गया था। ऐतिहासिक रिकॉर्ड बताते हैं कि इस मंदिर को मालोजी के बाद से व्यापक संरक्षण प्राप्त हुआ। इसके अलावा, "सिरसाट भोसले" नामक भोसले की एक शाखा मौजूद है और भोसले (या "भोसले") भाषाई रूप से "होयसला" के समान है। एम. के. धवलीकर ने भोसले वंश (साथ ही संभू महादेव पंथ) की नींव को स्पष्ट रूप से समझाने के लिए काम पाया। वाजपेयी भी इस बात की वकालत करते हैं कि धेरे के सिद्धांत की अधिक विस्तार से जांच की जानी चाहिए - "घोड़े की पीठ पर सरदारों से चरवाहों तक, दो से तीन शताब्दियों में कवर करने के लिए एक असंभव दूरी नहीं है।"

• शिवाजी की 1670 ई

1670 के दशक तक, शिवाजी ने अपने अभियानों से व्यापक क्षेत्र और धन अर्जित कर लिया था। लेकिन, एक औपचारिक ताज की कमी के कारण, उसके पास अपने वास्तविक डोमेन पर शासन करने के लिए कोई परिचालन वैधता नहीं थी और तकनीकी रूप से, वह अपने मुगल (या डेक्कन सल्तनत) अधिपतियों के अधीन रहा; सत्ता के पदानुक्रम में, शिवाजी की स्थिति साथी मराठा सरदारों के समान थी। साथ ही, उनका अक्सर महाराष्ट्र के रूढ़िवादी ब्राह्मण समुदाय द्वारा विरोध किया जाता था। इस प्रकार ब्राह्मणों द्वारा अनुमोदित एक राज्याभिषेक की योजना बनाई गई थी, ताकि संप्रभुता की घोषणा की जा सके और उनके शासन को वैध बनाया जा सके। अपने दरबार के ब्राह्मणों द्वारा उन्हें योग्य राजा घोषित करने का प्रस्ताव देने पर, एक विवाद छिड़ गया: क्षत्रिय वर्ण से संबंधित लोगों के लिए प्रतिगामी स्थिति आरक्षित थी।

न केवल इस बात पर विद्वानों के बीच एक मौलिक विवाद था कि क्या कोई सच्चा क्षत्रिय कलियुग में बच गया था, परशुराम द्वारा सभी को नष्ट कर दिया गया था, बल्कि शिवाजी के दादा एक टिलर-मुखिया थे, शिवाजी ने जनेऊ नहीं पहना था, और उनकी शादी नहीं हुई थी क्षत्रिय रीति के अनुसार। इस प्रकार,

ब्राह्मणों ने उन्हें शूद्र के रूप में वर्गीकृत किया था। अपने राज्याभिषेक को स्थगित करने के लिए मजबूर होकर, शिवाजी ने अपने सचिव बालाजी अवजी चिटनिस को शाही वंशावलियों के निरीक्षण के लिए मेवाड़ के सिसोदिया के पास भेजा; अवजी एक अनुकूल खोज के साथ लौटे - शाहजी चाचो सिसोदिया के वंशज निकले, जो मोकल सिंह के आधे राजपूत चाचा थे।

बनारस के एक प्रसिद्ध ब्राह्मण गागा भट्ट को तब चिटनिस की खोज की पुष्टि करने के लिए काम पर रखा गया था, और भोंसले को अब क्षत्रिय जाति का दावा करने की अनुमति दी गई थी। जून 1674 में राज्याभिषेक को फिर से क्रियान्वित किया जाएगा, लेकिन प्रस्तावनाओं की लंबी सूची से गुजरने के बाद ही। भट्ट के नेतृत्व में, जिन्होंने पारंपरिक हिंदू कल्पना को एक अभूतपूर्व पैमाने पर नियोजित किया, पहले चरण में क्षत्रिय होने के बावजूद मराठा के रूप में रहने के लिए शिवाजी की तपस्या थी। इसके बाद जनेऊ संस्कार ('मौंजीबंधनम्') आया, जिसके बाद क्षत्रिय रीति-रिवाजों ('मंत्र-विवाह') के अनुसार पुनर्विवाह हुआ और अंततः राज्याभिषेक ('अभिषेक') से पहले वैदिक अनुष्ठानों का एक क्रम आया - भारी खर्च का एक सार्वजनिक तमाशा जिसने एक क्षत्रिय राजा के रूप में शिवाजी का पुनर्जन्म। इन अवधियों (और बाद में) के दौरान दरबारी कवियों द्वारा रचित स्तुतिगानों ने सार्वजनिक स्मृति पर बल दिया कि शिवाजी (और भोंसले) वास्तव में सिसोदिया से संबंधित थे।

हालाँकि, क्षत्रियकरण एकमत नहीं था; ब्राह्मणों का एक वर्ग क्षत्रिय स्थिति से इनकार करता रहा। पेशवा काल के ब्राह्मणों ने शिवाजी के दावों की भट्ट की स्वीकृति को खारिज कर दिया और शिवाजी और उनके उत्तराधिकारियों को पीड़ित सभी बीमारियों के लिए गैर-धार्मिक राज्याभिषेक को दोषी ठहराया - सभी मराठों को शूद्रों के रूप में वर्गीकृत करने के लिए सामान्य ब्राह्मणवादी भावना के अनुरूप, कार्टे-ब्लांच; यहां तक दावा किया गया है कि शिवाजी के राज्याभिषेक में उनकी भूमिका के लिए भट्ट को मराठा ब्राह्मणों द्वारा बहिष्कृत किया गया दिलचस्प रूप से, राजपूत वंश के सभी दावे काफी हद तक परिवार की पहचान के बाद के अनुमानों से गायब हो गए थे।

वाजपेयी ने नोट किया कि चिटनिस की "सत्यात्मक स्थिति" को "ऐतिहासिक निश्चितता" के लिए निर्धारित नहीं किया जा सकता है - लिंक सबसे अच्छे और सबसे बुरे में आविष्कारशील थे। शिवाजी राजपूत नहीं थे और वंश का एकमात्र उद्देश्य शिवाजी के क्षत्रिय के रूप में अभिषेक की गारंटी देना था, एक रणनीति में जो स्पष्ट रूप से राजपूतीकरण के समानांतर थी। जदुनाथ सरकार ने माना कि

वंशावली बालाजी अवजी द्वारा बड़ी चतुराई से गढ़ी गई थी और कुछ अनिच्छा के बाद गागा भट्ट द्वारा स्वीकार कर ली गई थी, जिसे बदले में "भारी फीस से पुरस्कृत" किया गया था। वी. के. राजवाड़े, धरे, एलीसन बुश, जॉन केय और ऑड्रे ट्रस्चके भी मनगढ़ंत सरकार से सहमत हैं। जी.एस. सरदेसाई ने नोट किया कि वंश "प्रामाणिक रूप से सिद्ध नहीं" है। स्टीवर्ट एन. गॉर्डन कोई निर्णय पारित नहीं करते हैं लेकिन भट्ट को "रचनात्मक ब्राह्मण" मानते हैं। आंद्रे विंक का मानना है कि सिसोदिया वंशावली का दावा हमेशा के लिए विवादित बना रहेगा।

* **अहमदनगर सल्तनत**

भोंसले के सबसे पहले स्वीकृत सदस्य मुधोजी भोंसले और उनके रिश्तेदार रूपाजी भोंसले हैं, जो हिंगानी के ग्राम प्रधान (पाटील) थे - इस शाखा को तब से हिंगणीकर भोंसले के नाम से जाना जाता है। ऐसा प्रतीत होता है कि एक शाखा जल्द ही विभाजित हो गई, जिसने कदेवालित के जिला प्रबंधक (देशमुखी) के पद पर पैतृक अधिकार का दावा किया: सूर्याजी भोंसले अहमद निजाम शाह I (1490 के दशक की शुरुआत) के शासनकाल के दौरान, और उनके बेटे शराफजी भोंसले के दौरान डेनियल मिर्जा (1599) द्वारा क्षेत्र की विजय। यह शाखा तब से कदेवालीत भोंसले के नाम से जानी जाती है। अगले महत्वपूर्ण भोंसले शायद हिंगणिकार शाखा से मालोजी भोसले थे। वह एक खेलेजी (सी। 1490) के परपोते थे।

भोंसले के घर की स्थापना आधिकारिक तौर पर मालोजी भोसले द्वारा की गई थी, जिन्होंने शुरू में पुणे के आसपास हिंगनी बेर्डी और देवलगाँव गाँवों के पाटिल (प्रमुख) के रूप में कार्य किया था। बाद में, अपने भाई विठोजी के साथ, वह सिंदखेड़ चले गए और एक घुड़सवार के रूप में सेवा की। 1577 में, वे सुल्तान मुर्तजा निजाम शाह प्रथम के अधीन अहमदनगर सल्तनत की सेवा में शामिल हो गए। मालोजी पेशवा मलिक अंबर के एक विश्वसनीय जनरल बन गए, जो मुगलों और बीजापुर सल्तनत जैसी प्रतिद्वंद्वी शक्तियों के खिलाफ एलूर (वेरुल) के परगना (प्रशासनिक इकाइयों) से लड़ रहे थे।), डेरहाडी और कन्नारड। 1595 या 1599 में, मालोजी को बहादुर निज़ाम शाह द्वारा राजा की उपाधि दी गई, आधिकारिक तौर पर भोंसले की स्थापना की।

मलिक अंबर की सिफारिश पर, उन्हें शिवनेरी और चाकन किलों के नियंत्रण के साथ-साथ पुणे और सुपे परगना की जागीर दी गई थी। मालोजी ने वेरुल के पास घृष्णेश्वर मंदिर का जीर्णोद्धार किया और शिखर शिंगणापुर में शंभू महादेव

मंदिर में एक बड़े तालाब का निर्माण भी किया। मालोजी और उनकी पत्नी उमा बाई के 2 पुत्र हुए: शाहजी और शरीफजी, जिनका नाम सूफी पीर हजरत शाह शरीफ रखा गया। शिवाजी के दरबारी कवि परमानंद द्वारा रचित शिवभारत के अनुसार, मालोजी की पत्नी उमाबाई ने अहमदनगर के सूफी पीर शाह शरीफ से उन्हें पुत्र प्राप्ति की प्रार्थना की थी। उसने दो पुत्रों को जन्म दिया, जिनका नाम पीर के नाम पर शाहजी और शरीफजी रखा गया।

• मुगल-मराठा युद्ध

मराठा साम्राज्य की स्थापना 1674 में मालोजी के पोते शिवाजी प्रथम द्वारा की गई थी। यह मुगल साम्राज्य और बीजापुर सल्तनत के आक्रमणों के लिए स्थापित किया गया था। शिवाजी की सेनाओं ने शुरू में 1642 में तोरणा के किले पर कब्जा कर लिया था। उन्होंने 1674 तक अपने राज्य का विस्तार रायगढ़ तक कर लिया था। उन्होंने खुद को छत्रपति के रूप में ताज पहनाया, जिसका अर्थ सम्राट था। शिवाजी हिंदवी स्वराज्य के अपने दर्शन के आधार पर अपनी सरकार स्थापित करना चाहते थे। (जनता का शासन) इसने लोगों के अधिक प्रतिनिधित्व और अभिजात वर्ग की कम शक्ति की वकालत की। बाद में उन्होंने अपने नवजात राज्य के प्रशासन का मार्गदर्शन करने के लिए आठ मंत्रियों की परिषद की एक संस्था अष्ट प्रधान, (मंत्रियों की आधुनिक परिषद) की स्थापना की।

प्रत्येक मंत्री को एक प्रशासनिक विभाग का प्रभारी बनाया गया था; इस प्रकार, परिषद ने एक नौकरशाही के जन्म की शुरुआत की। शिवाजी ने मोरोपंत त्र्यंबक पिंगले को परिषद का नेता पेशवा नियुक्त किया। शिवाजी के बाद उनका पुत्र संभाजी प्रथम आया। 1689 की शुरुआत में, संभाजी और उनके सेनापति संगमेश्वर में मिले। बादशाह औरंगज़ेब के नेतृत्व में मुगल सेना ने संगमेश्वर पर हमला किया, जब संभाजी के साथ कुछ ही लोग थे। संभाजी को 1 फरवरी 1689 को मुगल सैनिकों ने पकड़ लिया। औरंगजेब ने संभाजी पर बुरहानपुर पर मराठा सेना के हमलों का आरोप लगाया था। उन्हें और उनके सलाहकार कवि कलश को शाही सेना द्वारा बहादुरगढ़ ले जाया गया, जहां उन्हें 21 मार्च 1689 को मुगलों द्वारा मार डाला गया था। संभाजी के वध के बाद, 12 मार्च 1689 को रायगढ़ में राजाराम प्रथम का राज्याभिषेक हुआ।

केवल्या घाट के माध्यम से। राजाराम प्रतापगढ़ और विशालगढ़ किलों के माध्यम से केवल्या घाट से जिंजी के किले तक भागने के लिए, राजाराम वेश में

केलाडी पहुंचे और केलाडी चेन्नम्मा से सहायता प्राप्त की - जिन्होंने मुगल हमले को सुरक्षित मार्ग सुनिश्चित करने और राजाराम को जिंजी से बचने के लिए रोक दिया, जहां वह पहुंचे 1 नवंबर 1689 को डेढ़ महीने बाद। उसने फिर जुल्फिकार खान नुसरत जंग को जिंगी किले पर कब्जा करने के लिए भेजा। उन्होंने सितंबर, 1690 में इसकी घेराबंदी की। तीन असफल प्रयासों के बाद, अंततः 8 जनवरी 1698 को सात साल बाद इस पर कब्जा कर लिया गया। हालांकि, राजाराम बच गए और पहले वेल्लोर और बाद में विशालगढ़ भाग गए। राजाराम जिंजी लौट आए और 11 नवंबर 1689 को किले पर कब्जा कर लिया, लेकिन 1698 में किले के गिरने से पहले ही छोड़ दिया, किले सतारा में अपना दरबार स्थापित किया। फिर, मराठा कमांडरों, संताजी घोरपड़े और धनाजी जाधव ने मुगल सेना को हराया, इसलिए जिंगी में संचार की उनकी लाइनें काट दीं।

4

शिवाजी का जन्म स्थान शिवनेरी

शिवनेरी किला भारत के महाराष्ट्र में पुणे जिले के जुन्नार के पास स्थित 17वीं शताब्दी का एक सैन्य किला है। यह मराठा साम्राज्य के सम्राट और संस्थापक छत्रपति शिवाजी महाराज का जन्म स्थान है। शिवनेरी को पहली शताब्दी ईस्वी से बौद्ध प्रभुत्व के स्थान के रूप में जाना जाता है। इसकी गुफाएं, चट्टानों को काटकर बनाई गई वास्तुकला और जल प्रणाली पहली शताब्दी ईस्वी से बस्ती की उपस्थिति का संकेत देती हैं।

शिवनेरी को इसका नाम मिला क्योंकि यह देवगिरी के यादवों के कब्जे में था। इस किले का उपयोग मुख्य रूप से देश से बंदरगाह शहर कल्याण तक पुराने व्यापारिक मार्ग की रक्षा के लिए किया जाता था। 15वीं शताब्दी में दिल्ली सल्तनत के कमजोर होने के बाद यह स्थान बहमनी सल्तनत के पास चला गया और फिर 16वीं शताब्दी में यह अहमदनगर सल्तनत के पास चला गया। 1595 में, शिवाजी भोसले के दादा, मालोजी भोंसले नाम के एक मराठा प्रमुख को अहमदनगर सुल्तान, बहादुर निज़ाम शाह ने सक्षम किया और उन्होंने उन्हें शिवनेरी और चाकन दिया।

शिवाजी का जन्म 19 फरवरी 1630 को किले में हुआ था (कुछ खाते इसे 1627 कहते हैं), और उन्होंने अपना बचपन वहीं बिताया। किले के अंदर देवी शिवई देवी को समर्पित एक छोटा सा मंदिर है, जिनके नाम पर शिवाजी का नाम रखा गया था। अंग्रेजी यात्री फ्रेज़ ने 1673 में किले का दौरा किया और इसे अजेय पाया। उनके खातों के अनुसार, किले को सात साल तक हजार परिवारों को खिलाने के

लिए अच्छी तरह से स्टॉक किया गया था। तीसरे एंग्लो-मराठा युद्ध के बाद 1820 में यह किला ब्रिटिश शासन के नियंत्रण में आ गया।

शिवनेरी किले की वास्तुकला शिवनेरी किला एक पहाड़ी किला है जिसका त्रिकोणीय आकार है और इसका प्रवेश द्वार पहाड़ी के दक्षिण-पश्चिम की ओर से है। मुख्य द्वार के अलावा किले की ओर से एक प्रवेश द्वार है जिसे स्थानीय रूप से चेन गेट कहा जाता है, जहां किले के गेट तक चढ़ने के लिए जंजीरों को पकड़ना पड़ता है। किला सात सर्पिल अच्छी तरह से संरक्षित फाटकों के साथ 1 मील (1.6 किमी) तक फैला हुआ है। किले के चारों ओर मिट्टी की दीवारें हैं। किले के अंदर, प्रमुख इमारतें प्रार्थना कक्ष, एक मकबरा और एक मस्जिद हैं।

जहां निष्पादन हुआ वहां एक ओवरहैंगिंग है। इस किले की सुरक्षा के लिए कई द्वार संरचनाएं हैं। माना दरवाजा किले के कई द्वारों में से एक है। इसे सुर की उत्पत्ति भी कहते हैं। किले के केंद्र में एक पानी का तालाब है जिसे 'बादामी तलाव' कहा जाता है, और इस तालाब के दक्षिण में जीजाबाई और एक युवा शिव की मूर्तियाँ हैं। किले में दो झरने हैं, जिन्हें गंगा और यमुना कहा जाता है, जिनमें साल भर पानी रहता है। इस किले से दो किलोमीटर की दूरी पर चट्टानों को काटकर बनाई गई बौद्ध गुफाएं हैं, जिन्हें लेन्याद्री गुफाएं कहा जाता है, जो महाराष्ट्र के अष्टविनायक मंदिरों में से एक है। इसे एक संरक्षित स्मारक घोषित किया गया है। निकटतम शहर जुन्नार एक तालुका स्थान है और सड़क मार्ग से अच्छी तरह से जुड़ा हुआ है। जुन्नार पुणे से लगभग 90 किमी दूर है। किला जुन्नार शहर से लगभग 2-3 किमी की दूरी पर है। मुख्य प्रवेश द्वार के माध्यम से किले की चोटी तक पहुंचना आसान है, हालांकि उचित चढ़ाई उपकरण वाले ट्रेकर्स किले के पश्चिमी किनारे पर स्थित श्रृंखला मार्ग का प्रयास कर सकते हैं। किले के ऊपर से नारायणगढ़, हडसर, चावंड और निमगिरी किले आसानी से देखे जा सकते हैं।

5

आदिलशाही राजवंश

एक शिया और बाद में सुन्नी मुस्लिम वंश था, जिसकी स्थापना यूसुफ आदिल शाह ने की थी, जिसने बीजापुर की सल्तनत पर शासन किया था, जो वर्तमान बीजापुर जिले, भारत में कर्नाटक, दक्कन क्षेत्र के पश्चिमी क्षेत्र में केंद्रित था। 1489 से 1686 तक दक्षिणी भारत। बीजापुर बहमनी सल्तनत (1347-1518) का एक प्रांत था, 15वीं शताब्दी की अंतिम तिमाही में इसके राजनीतिक पतन और 1518 में अंततः टूटने से पहले। बीजापुर सल्तनत को मुगलों में मिला लिया गया था। 12 सितंबर 1686 को सम्राट औरंगजेब द्वारा विजय के बाद साम्राज्य।

राजवंश के संस्थापक, यूसुफ आदिल शाह (1490-1510) को एक वास्तविक स्वतंत्र बीजापुर राज्य बनाने से पहले प्रांत का बहमनी गवर्नर नियुक्त किया गया था। यूसुफ और उनके बेटे इस्माइल ने आमतौर पर आदिल खान की उपाधि का इस्तेमाल किया। 'खान', जिसका अर्थ विभिन्न मध्य एशियाई संस्कृतियों में 'प्रमुख' होता है और फारसी में अपनाया जाता है, शाही रैंक का संकेत देते हुए 'शाह' से कम दर्जा प्रदान करता है।

केवल यूसुफ के पोते, इब्राहिम आदिल शाह I (1534-1558) के शासन के साथ, आदिल शाह का शीर्षक आम उपयोग में आया। फिर भी, बीजापुर के शासकों ने अपने क्षेत्र पर सफाविद फारसी आधिपत्य को मान्यता दी। बीजापुर सल्तनत की सीमाएं अपने पूरे इतिहास में काफी बदल गईं। इसकी उत्तरी सीमा अपेक्षाकृत स्थिर रही, जो समकालीन दक्षिणी महाराष्ट्र और उत्तरी कर्नाटक तक फैली हुई थी। 1565 में तालीकोटा की लड़ाई में विजयनगर साम्राज्य की हार के बाद रायचूर दोआब की विजय के साथ सल्तनत का दक्षिण की ओर विस्तार हुआ। बाद के अभियानों, विशेष रूप से मोहम्मद आदिल शाह (1627-1657) के शासनकाल के

दौरान, बीजापुर की औपचारिक सीमाओं का विस्तार किया गया और सुदूर दक्षिण में बंगलौर तक नाममात्र का अधिकार।

बीजापुर पश्चिम में गोवा के पुर्तगाली राज्य और पूर्व में कुतुब शाही राजवंश द्वारा शासित गोलकोंडा सल्तनत द्वारा घिरा हुआ था। बीजापुर की पूर्व बहमनी प्रांतीय राजधानी अपने पूरे अस्तित्व में सल्तनत की राजधानी बनी रही। मामूली प्रारंभिक विकास के बाद, इब्राहिम आदिल शाह I (1534-1558) और अली आदिल शाह I (1558-1579) ने बीजापुर को फिर से बनाया, गढ़ और शहर की दीवारें, सामूहिक मस्जिद, मुख्य शाही महल और प्रमुख जल आपूर्ति बुनियादी ढांचा प्रदान किया। उनके उत्तराधिकारी, इब्राहिम आदिल शाह द्वितीय (1580-1627), मोहम्मद आदिल शाह (1627-1657) और अली आदिल शाह द्वितीय (1657-1672) ने बीजापुर को महलों, मस्जिदों, मकबरे और अन्य संरचनाओं से सुशोभित किया, जिन्हें उनमें से कुछ माना जाता है। डेक्कन सल्तनत और इंडो-इस्लामिक आर्किटेक्चर के बेहतरीन उदाहरण।

बहमनी साम्राज्य के पतन के परिणामस्वरूप बीजापुर अस्थिरता और संघर्ष में फंस गया था। विजयनगर साम्राज्य और अन्य दक्कन सल्तनत दोनों के साथ लगातार युद्ध, 1565 में तालीकोटा में विजयनगर पर विजय प्राप्त करने के लिए दक्कन सल्तनत के गठबंधन से पहले राज्य के विकास को कम कर दिया। बीजापुर ने अंततः 1619 में बीदर के पड़ोसी सल्तनत पर विजय प्राप्त की। पुर्तगाली साम्राज्य ने दबाव डाला। गोवा के प्रमुख आदिल शाही बंदरगाह पर, जब तक इब्राहिम द्वितीय के शासनकाल के दौरान इसे जीत नहीं लिया गया था। तत्पश्चात सल्तनत अपेक्षाकृत स्थिर थी, हालांकि यह शिवाजी के विद्रोह से क्षतिग्रस्त हो गई थी, जिनके पिता आदिल शाह की सेवा में मराठा सेनापति थे।

शिवाजी ने एक स्वतंत्र मराठा साम्राज्य की स्थापना की, जो अंग्रेजों के भारत पर विजय प्राप्त करने से ठीक पहले मराठा साम्राज्य बन गया, जो भारत में सबसे बड़े साम्राज्यों में से एक था। बीजापुर की सुरक्षा के लिए सबसे बड़ा खतरा 16वीं शताब्दी के अंत से दक्कन में मुगल साम्राज्य का विस्तार था। हालाँकि ऐसा हो सकता है कि मुगलों ने आदिलशाही को नष्ट कर दिया, यह शिवाजी का विद्रोह था जिसने आदिलशाही नियंत्रण को कमजोर कर दिया। 1636 में बीजापुर की मुगल सत्ता की औपचारिक मान्यता तक, विभिन्न समझौतों और संधियों ने आदिल शाहों पर मुगल आधिपत्य लगाया।

राजवंश के संस्थापक, युसूफ आदिल शाह, एक जॉर्जियाई गुलाम हो सकते थे, जिन्हें ईरान से महमूद गावन ने खरीदा था। फिर भी सलमा अहमद फ़ारूक़ी

कहती हैं, यूसुफ उस्मानी सुल्तान मुराद 2 का बेटा था। इतिहासकार मीर रफ़ी-उद्दीन इब्राहिम-ए शिराज़ी, या रफ़ी' के अनुसार, यूसुफ का पूरा नाम सुल्तान यूसुफ 'आदिल शाह सावाह या सवाह' था (आधुनिक तेहरान के दक्षिण-पश्चिम में प्राचीन शहर सावेह से), महमूद बेग का बेटा सावा ईरान में, (रफी' 36-38, देवारे 67, एफएन 2)। आदिल शाही वंश का रफी का इतिहास इब्राहिम आदिल शाह द्वितीय के अनुरोध पर लिखा गया था, और पूरा किया गया और एएच 1017 में संरक्षक को प्रस्तुत किया गया। भारतीय विद्वान टी.एन. देवारे ने उल्लेख किया कि बहमनी वंश के बारे में रफी का विवरण कालानुक्रमिकता से भरा हुआ है, आदिलशाही के बारे में उनका विवरण "काफी सटीक, संपूर्ण है, और अली I और इब्राहिम II के बारे में ऐसी समृद्ध और मूल्यवान जानकारी रखता है" (312)। रफी-उद्दीन बाद में लगभग 15 वर्षों के लिए बीजापुर का गवर्नर बना (देवरे 316)।

• **बीजापुर की रीजेंट चांद बीबी (1580-90)**

अपने पिता इस्माइल के उत्तराधिकारी इब्राहिम आदिल शाह प्रथम ने शहर की किलेबंदी की और पुरानी जामिया मस्जिद [स्पष्टीकरण की आवश्यकता] का निर्माण किया। अली आदिल शाह प्रथम, जो बाद में सिंहासन पर चढ़ा, उसने अपनी सेना को गोलकोंडा, अहमदनगर और बीदर के अन्य मुस्लिम राजाओं के साथ जोड़ दिया और साथ में, उन्होंने विजयनगर साम्राज्य को नीचे लाया। लूट की रकम से उसने महत्वाकांक्षी परियोजनाएं शुरू कीं। उसने गगन महल, अली रौज़ा (अपना मकबरा), चाँद बावड़ी (एक बड़ा कुआँ) और जामी मस्जिद बनवाई। अली I का कोई पुत्र नहीं था, इसलिए उसका भतीजा इब्राहिम द्वितीय को सिंहासन पर बिठाया गया।

अली I की रानी चाँदबीबी को उसके वयस्क होने तक उसकी सहायता करनी पड़ी। इब्राहिम II को उनकी वीरता, बुद्धिमत्ता और हिंदू संगीत और दर्शन के प्रति झुकाव के लिए जाना जाता था। उनके संरक्षण में बीजापुर चित्रकला शैली अपने चरमोत्कर्ष पर पहुँची। मुहम्मद आदिल शाह ने अपने पिता इब्राहिम द्वितीय का उत्तराधिकारी बनाया। वह बीजापुर की सबसे भव्य संरचना, गोल गुंबज के लिए प्रसिद्ध है, जिसमें दुनिया का सबसे बड़ा गुंबद है, जिसमें फुसफुसाती गैलरी के चारों ओर हल्की आवाज सात बार दोहराई जाती है। उन्होंने ऐतिहासिक मलिक-ए-मैदान, विशाल तोप की भी स्थापना की। अली आदिल शाह द्वितीय को एक

अशांत राज्य विरासत में मिला। उन्हें एक तरफ मराठा नेता शिवाजी और दूसरी तरफ मुगल बादशाह औरंगजेब के हमले का सामना करना पड़ा। उनका मकबरा, बड़ा कामन, जो अन्य सभी को बौना बनाने की योजना बना रहा था, उनकी मृत्यु के कारण अधूरा छोड़ दिया गया था। सिकंदर आदिल शाह, अंतिम आदिल शाही सुल्तान, ने अगले चौदह तूफानी वर्षों तक शासन किया। अंत में 12 सितंबर 1686 को, औरंगज़ेब के अधीन मुग़ल सेना ने बीजापुर शहर पर अधिकार कर लिया।

• बीजापुर के सूफी

बीजापुर क्षेत्र में सूफियों का आगमन कुतुबुद्दीन ऐबक के शासनकाल के दौरान शुरू हुआ था। इस अवधि के दौरान दक्कन क्षेत्र देशी हिंदू शासकों और पालेगारों के नियंत्रण में था। शेख हाजी रूमी अपने साथियों के साथ सबसे पहले बीजापुर पहुंचे। हालांकि उनके अन्य साथी जैसे शेख सलाहुद्दीन, शेख सैफुल मुल्क और सैयद हाजी मक्की क्रमशः पुणे, हैदरा और तिकोटा में बस गए थे। तजकिराये औलिया दक्कन के अनुसार, यानी दक्खन के संतों की जीवनी, जिसे 1912-1913 में अब्दुल जब्बार मुल्कपुरी द्वारा संकलित किया गया था। सूफी सरमस्त इस क्षेत्र के शुरुआती सूफियों में से एक थे। वह 13वीं शताब्दी में अरब से दक्कन में उस समय आया था जब दक्कन अविश्वासियों का देश था, जहां इस्लाम या सही आस्था का कोई संकेत नहीं था।

उनके साथियों, शिष्यों (फकीर), शिष्यों (मुरीद), और सैनिकों (गाजी) की संख्या सात सौ से अधिक थी। वह शोलापुर जिले के सागर में बस गए। वहां, कुमारम (कुमारा राम) नाम के एक उत्साही और मुस्लिम विरोधी राजा ने सूफी सरमस्त को निष्कासित करना चाहा, और उनके साथी भी संघर्ष के लिए तैयार थे, एक कड़वा लड़ाई शुरू हो गई। दोनों पक्षों के वीर मारे गए। अंत में राजा को उसकी बेटी के हाथों मार दिया गया। अनगिनत हिंदू मारे गए, और इस समय उसकी सहायता के लिए लखी खान अफगान और निमत खान दिल्ली से आए। हिन्दू पराजित हुए और मुसलमान विजयी हुए।

शेष हिंदुओं ने सहायक नदी का दर्जा स्वीकार कर शांति स्थापित की। चूंकि स्वभाव से वह मौलिक रूप से जुझारू नहीं थे, इसलिए सूफी सरमस्त ने मोहम्मद के धर्म का प्रसार किया और हिंदुओं के दिलों को मित्र बना लिया। उनके अच्छे गुणों और असाधारण न्याय को देखकर, उस समय के कई हिंदुओं ने इस्लाम स्वीकार कर लिया, अंत में उनकी मृत्यु वर्ष ए.एच. 680 यानी 1281 ई. में हुई।

इस अवधि के बाद बीजापुर और उपनगरों में सूफियों का आगमन शुरू हो गया था। ऐनुद्दीन गहजुल इल्म देहलवी बताते हैं कि इब्राहिम सांगाने बीजापुर पल्ली के शुरुआती सूफियों में से एक थे। बीजापुर के सूफियों को उनके आगमन की अवधि के अनुसार तीन श्रेणियों में विभाजित किया जा सकता है, सूफियों को बहमनी और/या आदिल शाही राजवंश से पहले, सूफियों को आदिल शाही राजवंश के दौरान और सूफियों को आदिल शाही राजवंश के पतन के बाद।

और आगे, इसे सूफियों को योद्धाओं के रूप में, सूफियों को समाज सुधारकों के रूप में, सूफियों को विद्वानों, कवियों और लेखकों के रूप में वर्गीकृत किया जा सकता है। इब्राहिम ज़ुबैरी अपनी पुस्तक रौज़तुल औलिया बीजापुर (1895 के दौरान संकलित) में लिखते हैं, जिसमें वर्णन किया गया है कि बीजापुर में 30 से अधिक मकबरे या दरगाहें हैं जिनमें 300 से अधिक खानकाह हैं, अर्थात्, हसनी सादात, हुसैनी जैसे विभिन्न वंशों के शिष्यों की उल्लेखनीय संख्या वाले इस्लामिक मिशनरी स्कूल हैं। सआदत, रज़ावी सादात, काज़मी सादात, शेख सिद्दीकी, फ़ारूक़िस, उस्मानी, एल्विस, अब्बासी और अन्य और क़ादरी, चिश्ती, सुहरवर्दी, नक़शबंदी, शतारी, हैदरी आदि आध्यात्मिक श्रृंखलाएँ।

उत्तरार्ध में 16वीं शताब्दी के उत्तरार्ध में, और 17वीं शताब्दी में आदिल शाहियों के तत्वावधान में, बीजापुर की राजधानी ने भारत के प्रसिद्ध शहरों में एक प्रमुख स्थान पर कब्जा कर लिया। यह संस्कृति, व्यापार और वाणिज्य, शिक्षा और शिक्षा आदि का एक बड़ा केंद्र था। यह बीजापुर संस्कृति नामक अपनी संस्कृति के लिए जाना जाता था। बीजापुर के वैभव के उत्कर्ष के दौरान विभिन्न समुदायों और लोगों का संगम था। कभी-कभी कई मामलों में यह मुगल भारत के दिल्ली और आगरा के महान शहरों को पार कर गया। यूसुफ आदिल शाह से पहले, आदिल शाहियों के संस्थापक बीजापुर को अपने नए नक्काशीदार राज्य की राजधानी बना सकते थे; शहर ने काफी महत्व पर कब्जा कर लिया।

खलजियों ने बीजापुर को अपना गवर्नर बनाया, और कुछ समय बाद बहमनी प्रधान ख्वाजा महमूद गवन ने बीजापुर क्षेत्र को एक अलग प्रांत के रूप में गठित किया। उनके पास बीजापुर में "काला बाग" नामक संपत्ति थी। उसने ऐन-उद-दीन गंज-उल-उल्लम का मकबरा बनवाया। जिया-उद-दीन गजनवी, हाफिज हुसैनी और हमजा हुसैनी आदि के मकबरों की वास्तुकला से पता चलता है कि ये इमारतें बहमनी काल की हैं। इस प्रकार आदिल शाही राजवंश के प्रारंभिक सुल्तानों के अधीन बीजापुर काफी बड़ा शहर था।

राजधानी धीरे-धीरे आगे बढ़ी, हालांकि, 1558 में सुल्तान अली आदिल शाह I के प्रवेश के बाद से इसका सितारा बढ़ रहा था। 1565 में तालीकोटा की लड़ाई में उनकी जीत और कृष्णा-तुंगभद्रा क्षेत्रों में आगे के अभियानों ने भारी संपत्ति लायी। इसलिए वह इसकी साज-सज्जा पर दिल खोलकर खर्च करने लगा। उसके अधीन हर साल कोई न कोई नया भवन, एक महल, एक मस्जिद, एक बुर्ज या एक मीनार देखा करता था। उनके उत्तराधिकारी इब्राहिम आदिल शाह द्वितीय ने बीजापुर की सुंदरता बढ़ाने के लिए एक मोती का हार, इब्राहिम रौज़ा जोड़ा, और मोहम्मद आदिल शाह ने इसे गोल गुंबज नामक एक अनमोल रत्न के साथ ताज पहनाया। इस प्रकार आदिल शाही राजाओं ने अपना दिल और आत्मा राजधानी शहर में लगा दी। मोहम्मद आदिल शाह की मृत्यु 1656 तक अली आदिल शाह I 1558 के आगमन के बीच की अवधि को आदिल शाहियों का स्वर्ण युग कहा जा सकता है क्योंकि राज्य जीवन के सभी क्षेत्रों में फला-फूला। इब्राहिम आदिल शाह द्वितीय के शासनकाल के दौरान बीजापुर की आबादी 984,000 तक पहुंच गई थी और इसमें कुल 1,600 मस्जिदें थीं। मोहम्मद आदिल शाह के अधीन जनसंख्या में और वृद्धि हुई। इतिहासकार जे डी बी ग्रिबल लिखते हैं.

शाहपुर के उपनगरों में और उसके आसपास केवल दस लाख लोग रहते थे। किले की दीवारों के भीतर जब आश्रय मुश्किल हो गया तो सुल्तानों ने फतेहपुर, अलियाबाद, शाहपुर या खुदनपुर, चांदपुर, इनायतपुर, अमीनपुर, नवाबपुर, लतीफपुर, फकीरपुर, रसूलपुर, अफजलपुर, बादशाहपुर, रंभापुर, अघापुर (गलत तरीके से ओगापुर कहा जाता है), जोहरापुर, खदीजाहपुर, हबीबपुर, सलाबतपुर, यरबीपुर, तहवारपुर, शारजाहपुर, याकूबपुर, नौरसपुर, दयानतपुर, सिकंदरपुर, कादिरपुर, बुरहानपुर, खवासपुर, इमामपुर, अयिनपुर बहमनहाल आदि ये उपनगर बीजापुर के पंद्रह मील की परिधि में फैले हुए हैं। बीजापुर किले के द्वार सभी तरफ से सड़कों से अच्छी तरह जुड़े हुए थे, और लोगों को अच्छी सुविधाएं थीं।

• आदिल शाही सुल्तानों ने जल व्यवस्था बनाई

आदिल शाही सुल्तानों ने बीजापुर और उसके उपनगरों के लोगों के लिए शुद्ध और स्वस्थ पानी की विस्तृत व्यवस्था की। तोरवी में एक चिनाई बांध का निर्माण किया गया था। हम इसके सुदूर पूर्वी हिस्से में एक और बांध पाते हैं। इन दो बांधों से तोरवी और अफजलपुर के जलाशयों को पानी मिलता था। इन कार्यों के

माध्यम से शाहपुर के उपनगरों और राजधानी में पानी की आपूर्ति की जाती थी। इतिहासकार सी. शिवट्जर का मत है कि तोरवी जलसेतु आदिल शाहियों की एक बहुत ही विश्वसनीय इंजीनियरिंग उपलब्धि है। शहर में मौजूदा जल आपूर्ति को बढ़ाने के लिए मोहम्मद आदिल शाह ने बीजापुर के दक्षिण में जहां बेगम झील (बेगम तालाब) का निर्माण किया। इस झील ने शहर के दक्षिणी और पूर्वी हिस्सों को पानी पिलाया।

इस तरह राजधानी के कोने-कोने तक पानी पहुंच गया। इसके अलावा, सुल्तानों और अमीरों ने आसपास के लोगों की पानी की जरूरतों को पूरा करने के लिए बड़े और छोटे कुओं का निर्माण किया। 1819 में बीजापुर का दौरा करने वाले कैप्टन साइक्स ने बताया कि बीजापुर की दीवारों के भीतर सीढ़ियों के साथ 700 कुएं (बौदी) थे और 300 कुएं (कुआं या छोटे कुएं) थे। इसके अलावा, हमें बीजापुर के आसपास के क्षेत्र में रंगरेज तालाब, कासिम तालाब, फतेहपुर तालाब और अल्लाहपुर तालाब नामक टैंकों और झीलों के अवशेष मिलते हैं। बेगम तालाब, जो 234.22-एकड़ (0.9479 किमी2) का टैंक है, का निर्माण 1651 में मोहम्मद आदिल शाह ने जहाँ बेगम की याद में करवाया था।

इस टैंक का उपयोग शहर में पेयजल आपूर्ति सुनिश्चित करने के लिए किया जाता था। झील के दाहिनी ओर एक भूमिगत कमरा है जहाँ से मिट्टी के पाइपों में शहर में पानी की आपूर्ति की जाती थी। 15 फीट (4.6 मीटर) से 50 फीट (15 मीटर) की गहराई तक बिछाए गए पाइपों को जोड़ा गया और चिनाई में लगाया गया। 25 फीट (7.6 मीटर) से 40 फीट (12 मीटर) की ऊँचाई के कई टावर जिन्हें "गंज" कहा जाता है, पानी के दबाव को कम करने और पाइपों को फटने से रोकने के लिए बनाए गए थे। इन टावरों ने पाइपों में गंदगी को तल पर रहने दिया और पानी को साफ करने दिया।

बाज़ार और पेट्स बीजापुर राजधानी और बड़ा व्यापारिक केंद्र होने के कारण दक्कन और भारत के कई हिस्सों और विदेशी भूमि से बड़ी संख्या में व्यापारियों और यात्रियों को आकर्षित करता था। अब्दाल, अपने इब्राहिम नमः में एक दरबारी कवि लिखता है, (बीजापुर के बाजारों में) विभिन्न देशों के धनी व्यापारी हर दिशा में (अपनी कीमती वस्तुओं के साथ) बैठे थे। बीजापुर में व्यापारी सराय (सराय) में रह सकते थे मस्जिदों या अन्य सार्वजनिक भवनों। इस तरह की सराय ताज बौदी, संदल मस्जिद, बुखारी मस्जिद, बल्लाद खान मस्जिद आदि में पाई जाती हैं। मोहम्मद आदिल शाह के एक प्रतिष्ठित सामंत नवाब मुस्तफा खान ने बीजापुर के पश्चिम में एक बड़ी सराय बनवाई, जो अब जिला जेल के रूप में उपयोग की

जाती है। दुनिया के विभिन्न हिस्सों से कई दूत, व्यापारी, यात्री आदि बीजापुर की भव्यता और भव्यता के सुनहरे दिनों में आए थे, और वे बीजापुर की पिछली भव्यताओं के अपने बहुमूल्य खातों को पीछे छोड़ गए।

1013 में (1604-1605) मुगल सम्राट अकबर, आयुक्त मिर्जा असद बेग, राजनयिक व्यवहार के लिए बीजापुर में उनके दरबार के एक रईस थे। वह एक ऐसे व्यक्ति थे जिन्होंने आगरा और दिल्ली को उनके गौरवशाली दिनों में देखा। उन्होंने अपना खाता "हलात-ए-असद बेग या वाकियात-ए-असद बेग" लिखा था। उनके वृत्तांत से हम मध्यकालीन युग में भारत के आश्चर्यजनक शहरों में बीजापुर की स्थिति के बारे में कुछ अनुमान लगाने में सक्षम होंगे। वह शहर की अपनी छाप में आदिल शाही दरबार की भव्यता और उसके रीति-रिवाजों का हवाला देता है: शाबान की 17 तारीख को मैं उन परिचारकों के साथ आगे बढ़ा, जो आदिल खान (इब्राहिम आदिल शाह द्विवतीय) से मिलने के लिए मेरे साथ थे, और इस तरह के समारोहों के लिए नियुक्त बीजापुर में उस झील गगन महल की एक इमारत में उनका परिचय कराया गया था।

यह उचित रूप से सुसज्जित एक बहुत ही सुखद स्थान था। दो या तीन घरों में कमरे एकदम सही स्थिति में थे, और उस दिन प्रार्थना के बाद आदिल खान आए, सभी धूमधाम और परिस्थितियों की कामना करते हैं, उसके बाद हाथियों का एक दल ... वह महल, जिसे वे 'हज्जाह' कहते थे '' मेरे निवास के द्वार के चारों ओर घर और बरामदे वाली ऊँची-ऊँची इमारतें थीं; स्थिति बहुत स्वस्थ और हवादार थी। यह शहर में खुली जगह में स्थित है। इसका उत्तरी पोर्टिको एक विशाल बाजार के पूर्व में तीस गज चौड़ा और लगभग दो कोस लंबा है। हर दुकान के सामने एक हरा-भरा पेड़ था और पूरा बाजार बेहद साफ और पवित्र था।

यह दुर्लभ वस्तुओं से भरा हुआ था, जैसा कि किसी अन्य शहर में देखने या सुनने में नहीं आता है। कपड़े बेचने वालों, जौहरियों, शस्त्रधारियों, शराबियों, मछली बेचने वालों और रसोइयों की दुकानें थीं ... जौहरियों की दुकानों में तरह-तरह के गहने थे। खंजर, चाकू, दर्पण, हार, और ''लसो'' पक्षियों के रूप में, जैसे कि तोता, कबूतर और मोर, आदि सभी मूल्यवान रत्नों से जड़े हुए हैं, और अलमारियों पर व्यवस्थित हैं, जो एक से ऊपर उठते हैं।

इस दुकान के बगल में दुर्लभ खाद्य पदार्थों के साथ एक बेकर होगा, उसी तरह से अलमारियों के स्तरों पर उसी तरह रखा जाएगा। फिर एक कपड़ा व्यवसायी, फिर एक स्पिरिट मर्चेंट के विभिन्न प्रकार के चीनी बर्तन, मूल्यवान क्रिस्टल की बोतलें, महंगे कप, पसंद और दुर्लभ सार से भरे हुए, अलमारियों पर रखे हुए थे,

जबकि दुकान के सामने डबल-डिस्टिल्ड स्पिरिट के जार थे। इसके अलावा वह दुकान फलदारों की होगी, जो सभी प्रकार के फलों और मिठाइयों से भरी होगी, जैसे कि पिस्ता, और स्वाद, और मिश्री और बादाम। दूसरी तरफ एक शराब व्यापारी की दुकान हो सकती है, और गायकों, नर्तकियों और विभिन्न प्रकार के गहनों से सजी सुंदर महिलाओं की स्थापना, और निष्पक्ष चेहरे वाले कोरस, जो कुछ भी उनकी इच्छा हो सकती है, करने के लिए तैयार हैं। संक्षेप में, पूरा 'बाजार' शराब और सुंदरता, नृत्य, इत्र, गहने, सभी प्रकार के, थालियों और वायंड्स से भरा हुआ था।

एक गली में शराब पीने वाले लोगों के एक हजार बैंड थे, और नर्तक, प्रेमी और सुख-भोगी इकट्ठे थे; कोई भी आपस में झगड़ा या विवाद नहीं करता था और यह स्थिति चिरस्थायी थी। मुसाफ़िर की नज़रों में शायद दुनिया की कोई जगह इससे ज़्यादा अदभुत नज़ारा पेश नहीं कर सकती... (बादशाह अकबर के लिए) मैंने रुपये में ख़रीदा। 25900 पन्ना, 'पोखराज', 'नीलम' और रत्नों से बने पक्षी। मैंने रुपये के लिए हीरा और 'डुगडुगी' खरीदा। 55000 और मीर जमालुद्दीन की मंजूरी के बाद कीमत चुकाने पर सहमत हुए। मिर्जा असद बेग ने 24 जनवरी 1604 को बीजापुर छोड़ दिया। बीजापुर का उनका ग्राफिक खाता हमें बताता है कि यह शहर कैसे समृद्ध, समृद्ध और समृद्ध था। 1638 में डेक्कन क्षेत्र का दौरा करने वाले एक अन्य यात्री मैन्टेलस्लो लिखते हैं, बीजापुर पूरे एशिया में सबसे महान शहरों में से एक था, पाँच से अधिक 'लीग' (यानी, पंद्रह मील) शहर में पाँच महान उपनगर थे जहाँ अधिकांश व्यापारी रहते थे और स्यानपुर (शाहपुर) में अधिकांश जौहरी थे महंगे मोतियों का कारोबार।

इसी तरह, जीन बैप्टिस्ट टैवर्नियर, जो 1631 और 1667 के बीच भारत आया था, एक जौहरी था, शायद वह अपने कुछ गहने बेचने के लिए बीजापुर गया था। उन्होंने हमारे लिए एक विवरण छोड़ा है, जिसमें उन्होंने वर्णन किया है कि बीजापुर एक महान शहर था ... इसके बड़े उपनगरों में कई सुनार और जौहरी रहते थे ... राजा का महल (अरकिल्ला या गढ़) विशाल था, लेकिन खराब तरीके से बना हुआ था और पहुंच यह उसके लिए बहुत खतरनाक था क्योंकि जिस खाई से वह घिरा हुआ था वह मगरमच्छों से भरी हुई थी। इसी तरह, डच यात्री, बाल्डियस, अंग्रेजी भूगोलवेता, ओगिल्बी और अन्य बीजापुर की महानता की प्रशंसा करते हैं।

आदिल शाही सुल्तान बगीचों, जल मंडपों और सैरगाहों के शौकीन थे; इसलिए उन्होंने ऐसे मनोरंजक स्थलों की उपस्थिति से बीजापुर को सुशोभित किया। रफीउद्दीन शिराज़ी अपने ''तज़्किरतुल-मुल्क' में लिखते हैं कि इब्राहिम आदिल

शाह प्रथम के शासन के दौरान 60 गज लंबा और 60 गज चौड़ा एक बगीचा बाहरी ''हिसार'' (यानी, अरबा) और एक अन्य के भीतर रखा गया था। 20 गज लंबा और 20 गज चौड़ा, भीतरी एक (यानी, आर्किला दीवार या गढ़) के भीतर निर्माण किया गया था। अली आदिल शाह प्रथम के शासनकाल में फलों के कई पेड़ जैसे। गंधयुक्त संतरा, खजूर, अंगूर, अनार, अंजीर, सेब। गर्म और ठंडे देशों से लाए गए नार आदि बागों में लगाए जाते थे।

विभिन्न ऐतिहासिक स्रोतों से हमें बीजापुर में किश्वर खान बाग, अली बाग, दाऊ-अज़-देह (बारह) इमाम बाग, अलवी बाग, अरकिल्लाह बाग, नौरोज बाग, इब्राहिम बाग, मुरारी बाग, नगीना बाग, आदि बागों का संदर्भ मिलता है। . राजधानी के दक्षिणी भाग में एक प्रसिद्ध आदिल शाही रईस, मुबारक खान ने जल मंडप और रिसॉर्ट का निर्माण किया। इसी तरह, बीजापुर के पूर्व में लगभग 12 मील की दूरी पर कुमटगी गाँव में, सुल्तानों ने शाही सदस्यों के लिए पानी के मंडप और रिसॉर्ट बनाए। मुसलमानों के बीजापुर में अपना शासन स्थापित करने से पहले, यह दक्षिण भारत में शिक्षा का एक बड़ा केंद्र था। यह द्विभाषी मराठी-संस्कृत शिलालेख से स्पष्ट है, जो कि करीमुद्दीन मस्जिद 16 में फ़ारसी एपिग्राफ के ठीक नीचे खुदा हुआ है कि बीजापुर शहर को '' '' दक्षिण का बनारस '' '' की उपाधि दी गई है। प्राचीन काल से ही उत्तरी भारत में बनारस शिक्षा का एक प्रसिद्ध केंद्र था।

बीजापुर के खैजी गवर्नर, मलिक करीमुद्दीन, शायद इस स्थान पर सीखने की महान गतिविधियों को देखते थे; इसलिए उन्होंने बीजापुर को दक्षिण का बनारस कहा। खलजियों ने पूरे दक्षिण भारत पर विजय प्राप्त की और वे इसके प्रसिद्ध शहरों जैसे यादवों के दौलताबाद, काकतीयों के वारंगल, होयसला के द्वारसमुद्र और पांड्यों के मदुरै से अच्छी तरह परिचित थे। हालाँकि, उन्होंने बीजापुर को छोड़कर इनमें से किसी भी शहर को दक्षिण के बनारस का अधिकार नहीं दिया, हालाँकि ये शहर शासक राजवंशों की राजधानियाँ थे।

बहमनियों के शासन के दौरान बीजापुर ने अपनी अकादमिक उत्कृष्टता को बरकरार रखा। भारत के प्रसिद्ध विद्वान सूफी, ऐनुद्दीन गंजुलूम जुनैदी, जिन्होंने कुरान की टिप्पणियों के 125 कार्यों को लिखा, क्विरात (कुरान पाठ की कला), हदीस (भविष्यसूचक परंपराएं), विद्वतावाद, कानून के सिद्धांत, फिक (इस्लामी कानून), सुलुक (व्यवहार) . सिंटेक्स, लेक्सोग्राफी, अंसाब (वंशावली)। इतिहास, तिब्ब (औषधि), हिलामत, सनफ (ग्रामी), क़ासिदाह, आदि 1371 से लेकर 1390 में उनकी मृत्यु तक जीवित रहे। उनके शिष्य और

अन्य सूफियों जैसे इब्राहिम संगानी और उनके बेटे, अब्दुल्ला एआई-गजानी, जियाउद्दीन गजनवी और शाह हमजा हुसैनी ने बीजापुर में अपने महान साहित्यकार की परंपराओं को जीवित रखा। बीजापुर के आदिल शाही के तत्वावधान में सीखने के क्षेत्र में बहुत आगे बढ़े।

इसे इस्लामी दुनिया में शैक्षिक गतिविधियों में 'दूसरा बगदाद' माना जाता था। इस क्षेत्र में इसकी लोकप्रियता के कारण इब्राहिम आदिल शाह द्वितीय ने इसे '' विद्यापुर '' नाम दिया। पढ़ने की हद तक कि वह दौरे पर अपने साथ किताबों के बड़े बक्से रखता था। सभी सुल्तानों ने शिक्षकों और विद्वानों को संरक्षण दिया। राजधानी में यह नियमित था कि विद्वानों को विभिन्न स्थानों पर मिलते थे, और उनमें से विद्वानों की चर्चा होती थी। राजधानी में रॉयल लाइब्रेरी मौजूद थी जिसमें लगभग साठ पुरुष, सुलेखक, किताबों के जिल्दसाज़, किताबों की जिल्दसाज़ और रोशनी करने वाले पूरे दिन पुस्तकालय में अपना काम करने में व्यस्त थे।

शेष वामन पंडित रॉयल लाइब्रेरियन थे। इब्राहिम-द्वितीय के दरबारी कवि बाकिर खुर्द-ए-कस्म ने रॉयल लाइब्रेरी में प्रतिलेखक के रूप में काम किया। राजधानी में प्रसिद्ध विद्वानों में शाह नवाज़ खान, अब्दुल रशीद-अल-बस्तगी, शाह सिबगतुल्लाह हुसैनी, शेख अलीमुल्लाह मुहद्दिस (मुहम्मद की कहावतों या परंपराओं के शिक्षक और जुम्मा मस्जिद में धर्मशास्त्र), मुल्लान हसन फ़राधी, मुल्लान हबीबुल्लाह, शाह मोहम्मद थे। मुल्की और शाह हबीबुल्लाह हुसैनी। सीखने और पुस्तकों के एक महान प्रेमी शाह ज़ैन मुक़बिल के पुस्तकालय में आठ सौ पांडुलिपियाँ थीं, इनमें से तीन सौ से अधिक उनके द्वारा लिखी गई थीं। मीरन मोहम्मद मुदर्रिस हुसैनी भी एक महान शिक्षक थे।

असर महल में दो मदरसे (धार्मिक विद्यालय) थे, एक हदीस (परंपरा) पढ़ाने के लिए और दूसरा फ़िक़ा और ईमान (धर्मशास्त्र और विश्वास) के लिए। स्वादिष्ट भोजन के साथ मुफ्त शिक्षा, और प्रत्येक छात्र को एक हूण का वजीफा प्रदान किया गया। मस्जिदों में मकतब (प्राथमिक विद्यालय) थे जहाँ अरबी और फ़ारसी पढ़ाई सिखाई जाती थी। राज्य ने नि:शुल्क पुस्तकों की आपूर्ति की। वार्षिक परीक्षा में उत्कृष्ट प्रदर्शन करने वाले छात्रों को हूणों में पुरस्कार मिला और बाद में उन्हें उच्च और सम्माननीय पद पर नियुक्त किया गया।

इनके अलावा, अधिकांश सूफियों ने अपने स्वयं के खानखास (शिष्यों के मठ) और कुतुब खान (पुस्तकालय) बनाए रखे। आज भी सूफियों के वंशजों में से कुछ ने इस परंपरा को कायम रखा है। राज्य संरक्षण के परिणामस्वरूप, अरबी, फ़ारसी और दखनी उर्दू में साहित्य का एक बड़ा हिस्सा सामने आया था। इसके अलावा,

संस्कृत, मराठी और कन्नड़ जैसी भाषाओं का विकास हुआ। इब्राहिम आदिल शाह द्वितीय के एक दरबारी कवि पंडित नरहरि ने अपने गुरु, नौरस मंज़रफ़ पर काव्यात्मक उत्कृष्टता की रचना की। पंडित रुकमांगदा के शिष्य श्री लक्ष्मीपति ने संगीतमय रागों में स्थापित कई मराठी और हिंदी भक्ति गीतों की रचना की। स्वामी यादवेंद्र का मराठी साहित्य में भी प्रमुख योगदान था। राज्य के दक्षिण में, आधिकारिक लेन-देन कन्नड़ में किया जाता था।

- ## बहमनी साम्राज्य

कंदेश और पांच सल्तनतें डॉ. ज़मन खोडे कहते हैं, बीजापुर के राज्य में चिकित्सा सहायता और दारुष-शफा मौजूद थे। अस्पतालों में अलग-अलग विभागों ने अलग-अलग बुखार, आंख और कान की समस्याओं, त्वचा और अन्य बीमारियों का इलाज किया। हमारे पास संदर्भ हैं कि साम्राज्य में चिकित्सक यूनानी, आयुर्वेदिक, ईरानी और यूरोपीय चिकित्सा पद्धतियों का अभ्यास करते थे। हकीम गिलानी और फरनालोप फिरंगी, एक यूरोपीय चिकित्सक और सर्जन ने इब्राहिम आदिल शाह II के अधीन काम किया।

फरनालोप ने अपने बीमार संरक्षक के साथ गलत व्यवहार किया, जिससे सुल्तान की मृत्यु हो गई। खवास खान ने उसे पकड़ लिया और सजा के तौर पर उसकी नाक और होंठ काट दिए गए। कुछ भी नहीं हुआ, फैनलोप अपने घर लौट आया और अपने दासों में से एक के नाक और होंठ काट दिया, और इसे अपने आप में इतना तेज कर दिया कि वह जल्द ही निशान से भी ठीक हो गया। वे लंबे समय तक बीजापुर में रहे और बड़ी सफलता के साथ अपना अभ्यास फिर से शुरू किया। ऐथिप्पा, एक आयुर्वेदिक चिकित्सक, जो बीजापुर में एक औषधालय से जुड़े थे, ने अपने बेटे चंपा, तिब्ब-ए-बहरी-ओ-बर्री, चिकित्सा पर एक ग्रंथ के लिए संकलित किया।

इसमें अरबी और उर्दू में उनके समकक्ष मानव शरीर के कुछ हिस्सों और कुछ दवाओं की एक छोटी शब्दावली शामिल है। इसमें आगे मरीजों की जांच और बीमारियों के लक्षण और उपचार के संकेत दिए गए हैं। उन्होंने हकीम मोहम्मद हुसैन यूनानी और हकीम मोहम्मद मासूम इस्फ़हानी की देखभाल और उनसे निर्देश प्राप्त करने में एक लंबा समय बिताया था। महान इतिहासकार फरिशता एक विशेषज्ञ आयुर्वेदिक चिकित्सक थे। उन्होंने हकीम-ए-मिश्री और अन्य हिंदू चिकित्सकों के तहत इस प्रणाली का अध्ययन किया। प्रवीणता प्राप्त करने के

बाद, उन्होंने अपना स्वयं का औषधालय प्रारंभ किया और पेटेंट औषधियाँ तथा लोकप्रिय औषधियाँ तैयार कीं। उन्हें संस्कृत का बहुत अच्छा ज्ञान था, इसलिए वाग्भट, चरक और सुश्रुत की संहिता जैसे आयुर्वेद के कार्यों का गहन अध्ययन किया और दस्तूर-ए-अत्तिब्बा या इक्तियारत-ए-कासमी लिखा।

इस पुस्तक में उन्होंने जगदेवा, सागरभट और सावा पंडित जैसे प्रसिद्ध आयुर्वेदिक चिकित्सकों के नामों का उल्लेख किया है। उन्होंने विभिन्न रोगों, जड़ी-बूटियों और औषधियों के नाम का हवाला दिया और सरल और मिश्रित औषधियों और उनकी तैयारी के सूत्रों की भी चर्चा की। पुस्तक काफी व्यापक है क्योंकि इसका दायरा शरीर रचना विज्ञान, शरीर विज्ञान और चिकित्सा तक फैला हुआ है। ऐसा प्रतीत होता है कि फरिश्ता वनस्पति शास्त्र में भी विशेषज्ञ थी। उन्होंने भारत की औषधीय जड़ी-बूटियों, पौधों और फलों की विशेषताओं के बारे में विवरण दिया।

चिकित्सा में कुशल एक अन्य चिकित्सक हकीम रुकना-ए-मिश मुगलों में शामिल होने से पहले कुछ समय के लिए इब्राहिम आदिल शाह द्वितीय के दरबार में रहे। उसी सुल्तान के कहने पर; यूनुस बेग ने दवा पर काम किताब-ए-तिब्ब पूरा किया। मोहम्मद आदिल शाह के दरबारी कवि, हकीम आतिशी के पास चिकित्सा में एक अद्वितीय कौशल था और उन्होंने शाही चिकित्सक के रूप में कार्य किया। वह सुल्तान का निजी चिकित्सक था, उसकी अनुमति के बिना वह अन्य रोगियों को नहीं देख सकता था। अनुमति लेकर एक बार उन्होंने खान-ए-खाना इखलास खान को ठीक कर दिया। आतिशी ने यह भारी कर्तव्य तभी निभाया जब अन्य चिकित्सक पूरी तरह से विफल हो गए। उनके चमत्कारी उपचार से रोगी तीन सप्ताह के भीतर ठीक हो गए। इस प्रकार आदिल शाही सुल्तानों और रईसों ने कभी भी चिकित्सा सेवाओं की उपेक्षा नहीं की और हमेशा चिकित्सकों को उन्हें अच्छे पुरस्कार देकर प्रोत्साहित किया।

इस तरह के प्रोत्साहन के कारण कुछ चिकित्सकों ने चिकित्सा पर साहित्य का निर्माण किया। आदिल शाही सम्राट संगीत के महान प्रेमी थे; उनमें से कुछ ने उच्च क्रम प्राप्त किया। यूसूफ आदिल शाह ने 'तम्बूर' (टैम्बोरिन) और 'उद' (ल्यूट) बजाया। इस्माइल आदिल शाह की मध्य एशियाई संगीत के प्रति अत्यधिक प्रशंसा थी। इब्राहिम आदिल शाह द्वितीय के अधीन संगीत को अधिक प्रोत्साहन मिला। वे अपने युग के महानतम संगीतकार थे। वह कवि और गायक थे और उन्होंने अपने दरबार में बड़ी संख्या में संगीतकारों और भाटों (तीन या चार हजार) को बनाए रखा।

संगीतकारों के बैंड को लश्कर-ए-नौरस (नौरस की सेना) के रूप में जाना जाता था, उन्हें सरकार द्वारा नियमित रूप से भुगतान किया जाता था। नौरसपुर में उन्होंने संगीत महल और गायकों, भांगों और नृत्य करने वाली लड़कियों के लिए आवासीय मकान बनवाए। उनके समय में नौरस (संगीत समारोह) का त्योहार बड़ी धूमधाम से मनाया जाता था। कई चित्रों में इब्राहिम आदिल शाह द्वितीय को 'तम्बूर', 'सितार', 'वीना' और 'गिटार' जैसे वाद्य यंत्र बजाते हुए दिखाया गया है। सम्राट जहांगीर और मुगल दूत मिर्जा असद बेग ने संगीत के प्रति इब्राहिम आदिल शाह द्वितीय के प्रेम की काफी प्रशंसा की। मिर्जा असद बेग अपने वाकियात में लिखते हैं कि उन्हें इब्राहिम आदिल शाह द्वितीय को विदाई देने के लिए शाही महल में आमंत्रित किया गया था।

इस अवसर पर संगीत की भव्य प्रस्तुति का आयोजन किया गया था। उन्होंने सुल्तान को संगीत सुनने में इतना डूबा हुआ पाया कि वह असद बेग के सवालों का मुश्किल से जवाब दे सके। कुछ समय के लिए उनके बीच की बातचीत मुख्य रूप से संगीत और संगीतकारों से संबंधित थी। सुल्तान जानना चाहता था कि क्या सम्राट अकबर संगीत के शौकीन थे और असद बेग ने उन्हें सूचित किया कि बादशाह कभी संगीत सुनते थे। सुल्तान ने तब जानना चाहा कि क्या तानसेन सम्राट के सामने गाते समय खड़े थे या बैठे थे और कहा गया था कि दरबार में या दिन के समय तानसेन को गाना गाते समय खड़ा होना पड़ता है, लेकिन रात में और नौरोज़ और जशन उत्सव के अवसर पर तानसेन और अन्य संगीतकार गाते समय बैठने की अनुमति थी। सुल्तान ने असद बेग से कहा, "संगीत ऐसा है कि इसे हर समय और हमेशा सुना जाना चाहिए, और संगीतकारों को खुश रखना चाहिए।

- कला और वास्तुकला

आदिल शाही सुल्तानों ने लगभग विशेष रूप से वास्तुकला और संबद्ध कलाओं पर अपनी ऊर्जा केंद्रित की थी, प्रत्येक सुल्तान अपने पूर्ववर्ती की संख्या, आकार, या उनकी निर्माण परियोजनाओं के वैभव में श्रेष्ठ होने का प्रयास कर रहा था। बीजापुर की वास्तुकला फारसी, ओटोमन तुर्की और दक्कनी शैलियों का एक संयोजन है। इब्राहिम रौज़ा, दिलकुशा महल (महतर महल), मलिकाह-ए-जहाँ मस्जिद, जल महल आदि में चटाई का उल्लेख करना आश्चर्यजनक है। बीजापुर के मूर्तिकारों ने पत्थरों में सुंदर डिज़ाइन उकेरे हैं, जैसे बढ़ई लकड़ी में करते हैं। कुछ स्मारकों में स्टुको प्लास्टर डिजाइन शानदार है।

• आदिल शाही कला और विरासत

वर्ष 1591 में बीजापुर के शासक, इब्राहिम आदिल शाह दि्वतीय को दर्शाती एक पांडुलिपि। कर्नाटक की वास्तुकला, चित्रकला, भाषा, साहित्य और संगीत में आदिल शाही राजाओं का योगदान अदि्वतीय है। बीजापुर (संस्कृत विद्यापुर या विद्यानगरी का कन्नड़ रूप) एक महानगरीय शहर बन गया, और इसने तुर्की, फारस (ईरान) इराक, तुर्की, तुर्केस्तान, आदि से कई विद्वानों, कलाकारों, संगीतकारों और सूफी संतों को आकर्षित किया। 1565 में शुरू हुई अधूरी जामी मस्जिद में एक मेहराबदार प्रार्थना कक्ष है, जिसमें बड़े-बड़े खंभों पर समर्थित बारीक गलियारे हैं, जिनमें एक प्रभावशाली गुंबद है। इब्राहिम रौज़ा जिसमें इब्राहिम आदिल शाह II का मकबरा है, नाजुक नक्काशी के साथ एक अच्छी संरचना है।

आदिल शाही दरबार के फारसी कलाकारों ने लघु चित्रों का एक दुर्लभ खजाना छोड़ा है, जिनमें से कुछ यूरोप के महान संग्रहालयों में अच्छी तरह से संरक्षित हैं। दखनी भाषा, फारसी-अरबी, उर्दू, मराठी और कन्नड़ का एक मिश्रण, एक स्वतंत्र बोली जाने वाली और साहित्यिक भाषा के रूप में विकसित हुई। आदिल शाहियों के अधीन दखनी में कई साहित्यिक रचनाएँ प्रकाशित हुईं। इब्राहिम आदिल शाह दि्वतीय की कविताओं और संगीत की किताब किताब-ए-नवरास दखनी में है। मुशायरा (काव्य संगोष्ठी) बीजापुर दरबार में पैदा हुआ था और बाद में उतर की ओर चला गया। दखनी भाषा, जो बहमनी राजाओं के अधीन बढ़ रही थी, बाद में इसे उत्तर भारतीय उर्दू से अलग करने के लिए दखन उर्दू के रूप में जाना जाने लगा। आदिल शाह दि्वतीय ने सितार और उद बजाया और इस्माइल संगीतकार थे।

• असर महल

मुहम्मद कासिम फरिश्ता ने लिखा है कि 1008 में मीर मोहम्मद स्वालेह हमदानी बीजापुर आए थे। उसके पास मुहम्मद ("मूय-ए-मुबारक") के बाल थे। सुल्तान इब्राहिम आदिल शाह ने यह सुना और आनन्दित हुए। मीर स्वालेह हमदानी से मिले, बादशाह ने बाल देखे और मीर साहब को बेशकीमती उपहार दिए। मीर साहब ने सुल्तान इब्राहीम आदिल शाह को बालों की दो लटें दीं। पहले उन्हें गगन महल में रखा गया था, लेकिन आदिल शाह के शासनकाल में गगन महल में भीषण आग लग गई। वहां सब कुछ जल गया, सिवाय उन दो बक्सों

के जिनमें बालों की दो लटें रखी हुई थीं। आग की लपटों के बीच, सैयद साहब मोहिउद्दीन नाम के एक सूफी संत ने आग की लपटों को झेला, प्रवेश किया और अपने सिर पर बक्सों को बाहर निकाला; सुल्तान ने तब इन बक्सों को असर महल में रख दिया। अदलीशाही दीवान द्वारा जारी "मूय-ए-मुबारक" की कस्टडी संत नूर मुहम्मद मुशर्रफ को दी गई है। आज तक मूल सनद मुश्रीफ परिवार के पास है।

वार्षिक समारोह हर साल 12 वीं रबी-उल-अव्वल (चंदन और उर्स असर महल) पर मनाया जाता है। यह समारोह 350 से अधिक वर्षों से नियमित रूप से आयोजित किया जाता है। ऐसा कहा जाता है कि 1142 में आदिल शाह बालों की इन लटों को अक्सर देखा करते थे। एक अवसर पर उन्होंने उस समय के सभी सूफियों को आकर उनसे मिलने को कहा। तो हाशिम हुसैनी और सैय्यद शाह मुर्तुज़ा कादरी वहाँ आए और बक्से खोलने को कहा; वे कुलीन व्यक्तियों के सामने खोले गए। लेकिन जैसे ही उन्हें खोला गया हर जगह एक उज्ज्वल किरण थी। कोई भी किरण की चमक सहन नहीं कर सका और वे सभी बेहोश हो गए। हर तरफ इत्र की महक थी और फिर सबकी नजर बाल पर पड़ी। उस अवधि के बाद कहा जाता है कि बक्सों को न तो खोला गया था और न ही उन्हें कोई विशेषाधिकार प्राप्त था।

6

मुगल साम्राज्य

मुगल साम्राज्य एक प्रारंभिक-आधुनिक साम्राज्य था जिसने 16वीं और 19वीं शताब्दी के बीच दक्षिण एशिया के अधिकांश हिस्से को नियंत्रित किया था। लगभग दो सौ वर्षों के लिए, साम्राज्य पश्चिम में सिंधु नदी बेसिन के बाहरी किनारे, उत्तर-पश्चिम में उत्तरी अफ़गानिस्तान और उत्तर में कश्मीर, वर्तमान असम और पूर्व में बांग्लादेश के ऊंचे इलाकों तक फैला हुआ था। दक्षिण भारत में दक्कन के पठार के ऊपरी भाग।

कहा जाता है कि मुगल साम्राज्य की स्थापना 1526 में बाबर द्वारा की गई थी, जो आज के उज़्बेकिस्तान के एक योद्धा सरदार हैं, जिन्होंने दिल्ली के सुल्तान इब्राहिम लोदी को परास्त करने के लिए पड़ोसी सफ़वीद और तुर्क साम्राज्यों से सहायता प्राप्त की थी। पानीपत, और उत्तर भारत के मैदानी इलाकों को साफ करने के लिए। हालाँकि, मुगल शाही संरचना को कभी-कभी बाबर के पोते, अकबर के शासन के लिए 1600 तक दिनांकित किया जाता है।

यह शाही संरचना 1720 तक चली, जब तक कि अंतिम प्रमुख सम्राट औरंगज़ेब की मृत्यु के कुछ ही समय बाद, जिनके शासनकाल के दौरान साम्राज्य ने अपनी अधिकतम भौगोलिक सीमा भी हासिल कर ली। बाद में 1760 तक पुरानी दिल्ली और उसके आसपास के क्षेत्र में कम कर दिया गया, 1857 के भारतीय विद्रोह के बाद ब्रिटिश राज द्वारा साम्राज्य को औपचारिक रूप से भंग कर दिया गया था। हालाँकि मुगल साम्राज्य सैन्य युद्ध द्वारा बनाया और बनाए रखा गया था, इसने उन संस्कृतियों और लोगों को सख्ती से नहीं दबाया, जिन पर यह शासन करने आया था; बल्कि इसने नई प्रशासनिक प्रथाओं, और विविध शासक अभिजात्य वर्ग के माध्यम से उन्हें समान और शांत किया, जिससे अधिक

कुशल, केंद्रीकृत और मानकीकृत शासन का मार्ग प्रशस्त हुआ।

साम्राज्य की सामूहिक संपत्ति का आधार कृषि कर था, जिसे तीसरे मुगल सम्राट अकबर द्वारा स्थापित किया गया था। ये कर, जो एक किसान कृषक के उत्पादन के आधे से अधिक थे, को अच्छी तरह से विनियमित चांदी की मुद्रा में भुगतान किया गया था, और किसानों और कारीगरों को बड़े बाजारों में प्रवेश करने का कारण बना। 17वीं शताब्दी के अधिकांश समय में साम्राज्य द्वारा बनाए रखी गई सापेक्षिक शांति भारत के आर्थिक विस्तार का एक कारक थी।

हिंद महासागर में बढ़ती यूरोपीय उपस्थिति, और भारतीय कच्चे और तैयार उत्पादों की इसकी बढ़ती मांग ने मुगल दरबारों में और भी अधिक धन पैदा किया। मुगल अभिजात वर्ग के बीच अधिक विशिष्ट खपत थी, जिसके परिणामस्वरूप चित्रकला, साहित्यिक रूपों, वस्त्रों का अधिक संरक्षण हुआ। और वास्तुकला, विशेष रूप से शाहजहाँ के शासनकाल के दौरान। दक्षिण एशिया में मुगल यूनेस्को की विश्व धरोहर स्थलों में शामिल हैं: आगरा का किला, फतेहपुर सीकरी, लाल किला, हुमायूं का मकबरा, लाहौर का किला, शालामार गार्डन और ताजमहल, जिसे "भारत में मुस्लिम कला का गहना" कहा जाता है, और इनमें से एक विश्व की विरासत की सार्वभौमिक रूप से प्रशंसित उत्कृष्ट कृतियाँ।"

समकालीनों ने बाबर द्वारा स्थापित साम्राज्य को तैमूरी साम्राज्य के रूप में संदर्भित किया, जो उनके वंश की विरासत को दर्शाता है, और यह खुद मुगलों द्वारा पसंद किया जाने वाला शब्द था। अपने स्वयं के राजवंश के लिए मुगल पदनाम गुरकानी (रोमनीकृतः गुरकानियान, शाब्दिक रूप से) था। -ससुराल वाले')। "मुगल" और "मोगुल" का उपयोग "मंगोल" के अरबी और फारसी भ्रष्टाचार से लिया गया है, और इसने तैमूरी वंश के मंगोल मूल पर जोर दिया। 19वीं शताब्दी के दौरान इस शब्द ने लोकप्रियता हासिल की, लेकिन भारतविदों द्वारा विवादित बना हुआ है। साम्राज्य को संदर्भित करने के लिए समान लिप्यंतरण का उपयोग किया गया था, जिसमें "मोगुल" और "मोगुल" शामिल थे। फिर भी, बाबर के पूर्वज शास्त्रीय मंगोलों से काफी अलग थे क्योंकि वे तुर्को-मंगोल संस्कृति के बजाय फारसी की ओर उन्मुख थे।

मुगलों ने खुद मंगोल साम्राज्य के संस्थापक चंगेज खान से अंतिम वंश का दावा किया। साम्राज्य का दूसरा नाम हिंदुस्तान था, जिसे आईन-ए-अकबरी में प्रलेखित किया गया था, और जिसे साम्राज्य के आधिकारिक नाम के सबसे करीब बताया गया है। पश्चिम में, "मुगल" शब्द का इस्तेमाल सम्राट के लिए किया जाता था, और विस्तार से, पूरे साम्राज्य के रूप में। मुगल साम्राज्य की स्थापना बाबर

(शासनकाल 1526-1530) द्वारा की गई थी, जो एक मध्य एशियाई शासक था, जो अपने पिता की ओर से तुर्को-मंगोल विजेता तैमूर (तैमूर साम्राज्य के संस्थापक) और अपनी मां की ओर से चंगेज खान के वंशज थे। मध्य एशिया में अपने पैतृक डोमेन से बेदखल, बाबर ने अपनी महत्वाकांक्षाओं को पूरा करने के लिए भारत का रुख किया।

उसने खुद को काबुल में स्थापित किया और फिर खैबर दर्रे के माध्यम से अफगानिस्तान से दक्षिण की ओर लगातार दक्षिण की ओर धकेला। पानीपत के प्रथम युद्ध में बाबर की सेना ने इब्राहिम लोदी को पराजित किया। युद्ध से पहले, बाबर ने शराब को त्याग कर, शराब के बर्तनों को तोड़कर और एक कुएं में शराब डालकर दैवीय कृपा प्राप्त की। हालाँकि, इस समय तक लोदी का साम्राज्य पहले से ही चरमरा रहा था, और यह वास्तव में राजपूत संघ था जो मेवाड़ के राणा साँगा के सक्षम शासन के तहत उत्तरी भारत की सबसे मजबूत शक्ति थी। उसने बयाना के युद्ध में बाबर को पराजित किया। हालाँकि, आगरा के पास लड़ी गई खानवा की निर्णायक लड़ाई में, बाबर की तैमूरी सेना ने सांगा की राजपूत सेना को हरा दिया। यह लड़ाई भारतीय इतिहास की सबसे निर्णायक और ऐतिहासिक लड़ाइयों में से एक थी, क्योंकि इसने अगली दो शताब्दियों के लिए उत्तरी भारत के भाग्य को सील कर दिया था।

युद्ध के बाद मुगल सत्ता का केंद्र काबुल के बजाय आगरा बन गया। हालाँकि, युद्धों और सैन्य अभियानों के साथ व्यस्तता ने नए सम्राट को भारत में हासिल की गई उपलब्धियों को मजबूत करने की अनुमति नहीं दी। साम्राज्य की अस्थिरता उसके पुत्र हुमायूँ (शासनकाल 1530-1556) के तहत स्पष्ट हो गई, जिसे विद्रोहियों द्वारा फारस में निर्वासन के लिए मजबूर किया गया था। शेर शाह सूरी (शासनकाल 1540-1545) द्वारा स्थापित सूर साम्राज्य (1540-1555) ने मुगल शासन को संक्षिप्त रूप से बाधित किया। फारस में हुमायूं के निर्वासन ने सफाविद और मुगल दरबारों के बीच राजनयिक संबंध स्थापित किए, और बाद में बहाल हुए मुगल साम्राज्य में फारसी सांस्कृतिक प्रभाव को बढ़ाया। 1555 में फारस से हुमायूं की विजयी वापसी ने भारत के कुछ हिस्सों में मुगल शासन को बहाल किया, लेकिन एक दुर्घटना में उनकी मृत्यु हो गई। अगला वर्ष।

- **अकबर, जहाँगीर, शाहजहाँ और औरंगज़ेब**

अकबर (शासनकाल 1556-1605) का जन्म राजपूत उमरकोट किले में जलाल-उद-दीन मुहम्मद, हुमायूँ और उनकी पत्नी हमीदा बानू बेगम, एक फ़ारसी राजकुमारी के यहाँ हुआ था। अकबर एक रीजेंट, बैरम खान के अधीन सिंहासन के लिए सफल हुआ, जिसने भारत में मुगल साम्राज्य को मजबूत करने में मदद की। युद्ध और कूटनीति के माध्यम से, अकबर सभी दिशाओं में साम्राज्य का विस्तार करने में सक्षम था और गोदावरी नदी के उत्तर में लगभग पूरे भारतीय उपमहाद्वीप को नियंत्रित करता था। उन्होंने अपने प्रति निष्ठावान एक नया सत्तारूढ़ अभिजात वर्ग बनाया, एक आधुनिक प्रशासन लागू किया और सांस्कृतिक विकास को प्रोत्साहित किया। उसने यूरोपीय व्यापारिक कंपनियों के साथ व्यापार बढ़ाया।

भारत ने एक मजबूत और स्थिर अर्थव्यवस्था विकसित की, जिससे वाणिज्यिक विस्तार और आर्थिक विकास हुआ। अकबर ने अपने दरबार में धर्म की स्वतंत्रता की अनुमति दी, और एक शासक पंथ की मजबूत विशेषताओं के साथ एक नए धर्म, दीन-ए-इलाही की स्थापना करके अपने साम्राज्य में सामाजिक-राजनीतिक और सांस्कृतिक मतभेदों को हल करने का प्रयास किया। उन्होंने अपने पुत्र को एक आंतरिक रूप से स्थिर अवस्था में छोड़ दिया, जो अपने स्वर्ण युग के बीच में था, लेकिन राजनीतिक कमजोरी के संकेत उभरने से पहले। जहाँगीर (जन्म सलीम, 1605-1627 तक शासन किया) का जन्म अकबर और उनकी पत्नी मरियम-उज़-ज़मानी, एक भारतीय राजपूत राजकुमारी से हुआ था। सलीम का नाम भारतीय सूफी संत सलीम चिश्ती के नाम पर रखा गया था और उनकी परवरिश चिश्ती की बेटी ने की थी। वह "अफीम का आदी था, राज्य के मामलों की उपेक्षा करता था, और प्रतिद्वंद्वी अदालती गुटों के प्रभाव में आया"।

जहाँगीर ने इस्लामिक धार्मिक प्रतिष्ठान का समर्थन हासिल करने के लिए पर्याप्त प्रयास करके खुद को अकबर से अलग कर लिया। ऐसा करने का एक तरीका यह था कि उसने अकबर की तुलना में बहुत अधिक मदद-ए-माश प्रदान किया। अकबर के विपरीत, जहांगीर गैर-मुस्लिम धार्मिक नेताओं, विशेष रूप से सिख गुरु अर्जन के साथ संघर्ष में आया, जिसका निष्पादन मुगल साम्राज्य और सिख समुदाय के बीच कई संघर्षों में से पहला था। मुगल शासकों का समूह चित्र, बाबर से लेकर औरंगजेब तक, मुगल पूर्वज तैमूर बीच में बैठे हुए। बाईं ओर: शाहजहाँ, अकबर और बाबर, समरकंद के अबू सईद और तैमूर के बेटे मीरन शाह के साथ। दाईं ओर: औरंगज़ेब, जहाँगीर और हुमायूँ, और तैमूर की दो अन्य संतान उमर शेख और मुहम्मद सुल्तान। बनाया गया सी।

1707-12 शाहजहाँ (1628-1658 तक शासन किया) का जन्म जहाँगीर और उनकी पत्नी जगत गोसाईं, एक राजपूत राजकुमारी से हुआ था। उनके शासनकाल ने मुगल वास्तुकला के स्वर्ण युग की शुरुआत की। शाहजहाँ के शासनकाल के दौरान, मुगल दरबार का वैभव अपने चरम पर पहुँच गया, जैसा कि ताजमहल द्वारा उदाहरण दिया गया है। दरबार को बनाए रखने की लागत, हालांकि, आने वाले राजस्व से अधिक होने लगी। उनके शासनकाल को "स्वर्ण युग" कहा जाता था। मुगल वास्तुकला का "। शाहजहाँ ने निजाम शाही वंश को समाप्त करके मुगल साम्राज्य को दक्कन तक बढ़ाया, और आदिल शाहियों और कुतुब शाहियों को श्रद्धांजलि देने के लिए मजबूर किया।

शाहजहाँ के सबसे बड़े बेटे, उदारवादी दारा शिकोह, 1658 में अपने पिता की बीमारी के कारण रीजेंट बन गए। दारा ने अपने परदादा अकबर का अनुकरण करते हुए एक समन्वयवादी हिंदू-मुस्लिम संस्कृति का समर्थन किया। हालांकि, इस्लामिक रूढ़िवाद के समर्थन से, शाहजहाँ के एक छोटे बेटे, औरंगज़ेब (आर। 1658-1707) ने सिंहासन पर कब्जा कर लिया। औरंगजेब ने 1659 में दारा को हराया और उसे मार डाला। हालाँकि शाहजहाँ अपनी बीमारी से पूरी तरह से ठीक हो गया, औरंगज़ेब ने 1666 में अपनी मृत्यु तक शाहजहाँ को कैद में रखा। औरंगज़ेब ने मुग़ल राज्य के इस्लामीकरण में वृद्धि देखी। उन्होंने इस्लाम में धर्मांतरण को प्रोत्साहित किया, गैर-मुस्लिमों पर जजिया बहाल किया और इस्लामिक कानून के संग्रह फतवा 'आलमगिरी' को संकलित किया। औरंगजेब ने सिख गुरु तेग बहादुर को भी फांसी देने का आदेश दिया, जिससे सिख समुदाय का सैन्यीकरण हुआ।

मुगल बादशाह की आज्ञाकारिता उसने लगभग पूरे दक्षिण एशिया को शामिल करने के लिए साम्राज्य का विस्तार किया लेकिन 1707 में उसकी मृत्यु पर, "साम्राज्य के कई हिस्से खुले विद्रोह में थे"। औरंगज़ेब को भारत का सबसे विवादास्पद राजा माना जाता है, कुछ इतिहासकारों ने तर्क दिया कि उनकी धार्मिक रूढ़िवादिता और असहिष्णुता ने मुगल समाज की स्थिरता को कम कर दिया, जबकि अन्य इतिहासकार इस पर सवाल उठाते हैं, यह देखते हुए कि उन्होंने हिंदू मंदिरों का निर्माण किया, अपने पूर्ववर्तियों की तुलना में अपनी साम्राज्यवादी नौकरशाही में काफी अधिक हिंदुओं को नियुक्त किया। हिंदुओं और शिया मुसलमानों के खिलाफ कट्टरता का विरोध किया।

• औरंगजेब

औरंगजेब के पुत्र, बहादुर शाह प्रथम औरंगजेब के पुत्र बहादुर शाह प्रथम ने अपने पिता की धार्मिक नीतियों को निरस्त कर दिया और प्रशासन में सुधार का प्रयास किया। "हालांकि, 1712 में उनकी मृत्यु के बाद, मुगल वंश अराजकता और हिंसक झगड़ों में डूब गया। अकेले 1719 में, चार सम्राट क्रमिक रूप से सिंहासन पर चढ़े", भारतीय मुस्लिम सैय्यद राजा-निर्माताओं के शासन के तहत फिगरहेड के रूप में। मुहम्मद शाह (1719-1748 के शासनकाल) के दौरान, साम्राज्य टूटना शुरू हो गया, और मध्य भारत के विशाल पथ मुगल से मराठा हाथों में चले गए।

जैसा कि मुगलों ने दक्कन में निज़ाम की स्वतंत्रता को दबाने की कोशिश की, उसने मराठों को मध्य और उत्तरी भारत पर आक्रमण करने के लिए प्रोत्साहित किया। नादिर शाह का दूर-दूर का भारतीय अभियान, जिसने पहले पश्चिम एशिया, काकेशस और मध्य एशिया के अधिकांश हिस्सों पर ईरानी आधिपत्य को फिर से स्थापित किया था, दिल्ली की बोरी के साथ समाप्त हुआ और मुगल शक्ति और प्रतिष्ठा के अवशेषों को चकनाचूर कर दिया। साम्राज्य के कई अभिजात वर्ग अब अपने स्वयं के मामलों को नियंत्रित करने की मांग कर रहे थे, और स्वतंत्र राज्य बनाने के लिए अलग हो गए। लेकिन, सुगाता बोस और आयशा जलाल के अनुसार, मुगल सम्राट संप्रभुता की सर्वोच्च अभिव्यक्ति बना रहा। न केवल मुस्लिम जेंट्री, बल्कि मराठा, हिंदू और सिख नेताओं ने भारत के संप्रभु के रूप में सम्राट की औपचारिक स्वीकृति में भाग लिया। इस बीच, तेजी से खंडित मुगल साम्राज्य के भीतर कुछ क्षेत्रीय राजनीति, वैश्विक संघर्षों में खुद को और राज्य को शामिल किया, कर्नाटक युद्धों और बंगाल युद्ध के दौरान केवल हार और क्षेत्र के नुकसान के लिए अग्रणी।

1751 में साम्राज्य के अवशेष मुगल बादशाह शाह आलम II (1759-1806) ने मुगल पतन को उलटने के निरर्थक प्रयास किए, लेकिन अंततः उन्हें अफ़ग़ानिस्तान के अमीर, अहमद शाह अब्दाली की सुरक्षा लेनी पड़ी, जिसके कारण मराठा साम्राज्य और मराठा साम्राज्य के बीच पानीपत की तीसरी लड़ाई हुई। 1761 में अफगान (अब्दाली के नेतृत्व में)। 1771 में, मराठों ने दिल्ली को अफगान नियंत्रण से हटा लिया और 1784 में वे आधिकारिक तौर पर दिल्ली में सम्राट के रक्षक बन गए, यह स्थिति द्वितीय आंग्ल-मराठा युद्ध तक जारी रही।

इसके बाद, ब्रिटिश ईस्ट इंडिया कंपनी दिल्ली में मुगल वंश की रक्षक बन गई। ब्रिटिश ईस्ट इंडिया कंपनी ने 1793 में बंगाल-बिहार के पूर्व मुगल प्रांत पर नियंत्रण कर लिया, जब उसने स्थानीय शासन (निजामत) को समाप्त कर दिया, जो 1858 तक चला, भारतीय उपमहाद्वीप पर ब्रिटिश औपनिवेशिक युग

की शुरुआत हुई। 1857 तक पूर्व मुगल भारत का एक बड़ा हिस्सा ईस्ट इंडिया कंपनी के नियंत्रण में था। 1857-1858 के युद्ध में एक करारी हार के बाद, जिसका उन्होंने नाममात्र का नेतृत्व किया, अंतिम मुगल, बहादुर शाह जफर को ब्रिटिश ईस्ट इंडिया कंपनी द्वारा अपदस्थ कर दिया गया और 1858 में निर्वासित कर दिया गया। भारत सरकार अधिनियम 1858 के माध्यम से ब्रिटिश क्राउन ने प्रत्यक्ष नियंत्रण ग्रहण किया। नए ब्रिटिश राज के रूप में भारत में ईस्ट इंडिया कंपनी के कब्जे वाले क्षेत्र। 1876 में ब्रिटिश महारानी विक्टोरिया ने भारत की साम्राज्ञी की उपाधि धारण की।

विकास और समृद्धि की एक सदी के बाद, इतिहासकारों ने 1707 और 1720 के बीच मुगल साम्राज्य के तेजी से पतन के लिए कई स्पष्टीकरण पेश किए हैं। राजकोषीय दृष्टि से, सिंहासन ने अपने मुख्य अधिकारियों, अमीरों (रईसों) और उनके साथियों को भुगतान करने के लिए आवश्यक राजस्व खो दिया। सम्राट ने अधिकार खो दिया, क्योंकि व्यापक रूप से बिखरे हुए शाही अधिकारियों ने केंद्रीय अधिकारियों में विश्वास खो दिया और स्थानीय प्रभाव वाले लोगों के साथ अपने स्वयं के सौदे किए। अधिक आक्रामक मराठों के खिलाफ लंबे, निरर्थक युद्धों में फंसी शाही सेना ने अपनी लड़ाई की भावना खो दी। अंत में सिंहासन पर नियंत्रण को लेकर हिंसक राजनीतिक झगड़ों की एक श्रृंखला शुरू हुई। 1719 में सम्राट फर्रुखसियर के वध के बाद, स्थानीय मुगल उत्तराधिकारी राज्यों ने क्षेत्र के बाद क्षेत्र में सत्ता संभाली। समकालीन क्रांतिकारियों ने उनके द्वारा देखी गई गिरावट को देखा, एक विषय जो पहले ब्रिटिश इतिहासकारों द्वारा उठाया गया था, जो ब्रिटिश नेतृत्व वाले कायाकल्प की आवश्यकता को रेखांकित करना चाहते थे।

• 1970 के दशक

1970 के दशक के बाद से इतिहासकारों ने गिरावट के लिए कई दृष्टिकोण अपनाए हैं, जिनमें इस बात पर थोड़ी सहमति थी कि कौन सा कारक प्रमुख था। मनोवैज्ञानिक व्याख्याएं उच्च स्थानों, अत्यधिक विलासिता, और तेजी से संकीर्ण विचारों पर बल देती हैं जो शासकों को बाहरी चुनौती के लिए तैयार नहीं करते थे। एक मार्क्सवादी स्कूल (इरफान हबीब के नेतृत्व में और अलीगढ़ मुस्लिम विश्वविद्यालय पर आधारित) अमीरों द्वारा किसानों के अत्यधिक शोषण पर जोर देता है, जिसने शासन को समर्थन देने की इच्छाशक्ति और साधनों को छीन लिया। करेन लियोनार्ड ने हिंदू बैंकरों के साथ काम करने में शासन की विफलता

पर ध्यान केंद्रित किया है, जिनकी वित्तीय सहायता की आवश्यकता तेजी से बढ़ रही थी; बैंकरों ने तब मराठों और अंग्रेजों की मदद की। एक धार्मिक व्याख्या में, कुछ विद्वानों का तर्क है कि हिंदू शक्तियों ने मुस्लिम वंश के शासन के खिलाफ विद्रोह किया। अंत में, अन्य विद्वानों का तर्क है कि साम्राज्य की बहुत समृद्धि ने प्रांतों को उच्च स्तर की स्वतंत्रता प्राप्त करने के लिए प्रेरित किया, इस प्रकार शाही अदालत को कमजोर कर दिया।

जेफरी जी विलियमसन ने तर्क दिया है कि मुगल साम्राज्य के पतन के अप्रत्यक्ष परिणाम के रूप में 18 वीं शताब्दी के उत्तरार्ध में भारतीय अर्थव्यवस्था विऔद्योगीकरण के माध्यम से चली गई, बाद में ब्रिटिश शासन ने आगे विऔद्योगीकरण का कारण बना। विलियमसन के अनुसार, मुगल साम्राज्य के पतन के कारण कृषि उत्पादकता में गिरावट आई, जिससे खाद्य कीमतों में वृद्धि हुई, फिर नाममात्र की मजदूरी और फिर कपड़े की कीमतों में वृद्धि हुई, जिसके कारण भारत ने इससे पहले ही विश्व कपड़ा बाजार का एक हिस्सा ब्रिटेन को खो दिया। बेहतर कारखाना प्रौद्योगिकी थी। हालाँकि, भारतीय वस्त्रों ने अभी भी 19 वीं शताब्दी तक ब्रिटिश वस्त्रों पर प्रतिस्पर्धात्मक लाभ बनाए रखा। मुगल साम्राज्य की सरकार मुगल साम्राज्य में अत्यधिक केंद्रीकृत, नौकरशाही सरकार थी, जिनमें से अधिकांश तीसरे मुगल सम्राट अकबर के शासन के दौरान स्थापित की गई थी।

केंद्र सरकार का नेतृत्व मुगल सम्राट कर रहे थे, उनके ठीक नीचे चार मंत्रालय थे। वित्त/राजस्व मंत्रालय साम्राज्य के क्षेत्रों से राजस्व को नियंत्रित करने, कर राजस्व की गणना करने और असाइनमेंट वितरित करने के लिए इस जानकारी का उपयोग करने के लिए जिम्मेदार था। सेना के मंत्रालय का नेतृत्व मीर बख्शी नामक एक अधिकारी करता था, जो सैन्य संगठन, संदेशवाहक सेवा और मनसबदारी व्यवस्था का प्रभारी था। कानून/धार्मिक संरक्षण का प्रभारी मंत्रालय सदर अस-सुद्र की जिम्मेदारी थी, जो न्यायाधीशों की नियुक्ति करते थे और दान और वजीफे का प्रबंधन करते थे। एक और मंत्रालय शाही घराने और सार्वजनिक कार्यों के लिए समर्पित था।

साम्राज्य को सूबा (प्रांतों) में विभाजित किया गया था, जिनमें से प्रत्येक का नेतृत्व एक प्रांतीय गवर्नर करता था जिसे सूबेदार कहा जाता था। केंद्र सरकार की संरचना को प्रांतीय स्तर पर प्रतिबिम्बित किया गया था; प्रत्येक सूबा का अपना बख्शी, सदर अस-सुद्र और वित्त मंत्री होता था जो सूबेदार के बजाय सीधे केंद्र सरकार को रिपोर्ट करता था। सूबों को प्रशासनिक इकाइयों में विभाजित किया

गया था जिन्हें सरकार कहा जाता था, जिन्हें आगे परगना के रूप में जाने वाले गांवों के समूहों में विभाजित किया गया था। परगना में मुगल सरकार में एक मुस्लिम न्यायाधीश और स्थानीय कर संग्रहकर्ता शामिल थे। मुगलों की कई शाही राजधानियाँ थीं, जिन्हें उनके शासन के दौरान स्थापित किया गया था। ये आगरा, दिल्ली, लाहौर और फतेहपुर सीकरी के शहर थे। सत्ता अक्सर इन राजधानियों के बीच आगे और पीछे स्थानांतरित हो जाती थी।

कभी-कभी यह राजनीतिक और सैन्य मांगों के कारण आवश्यक था, लेकिन वैचारिक कारणों से या यहां तक कि केवल इसलिए कि नई राजधानी स्थापित करने की लागत मामूली थी, बदलाव भी हुए। ऐसी स्थितियाँ जहाँ एक साथ दो राजधानियाँ थीं, मुगल इतिहास में कई बार घटित हुईं। कुछ शहरों ने अल्पकालिक, प्रांतीय राजधानियों के रूप में भी काम किया, जैसा कि औरंगजेब के दक्खन में औरंगाबाद में स्थानांतरित होने के मामले में हुआ था। काबुल 1526 से 1681 तक मुगलों की ग्रीष्मकालीन राजधानी थी। सैन्य अभियानों और शाही यात्राओं के लिए इस्तेमाल किया जाने वाला शाही शिविर, एक प्रकार की मोबाइल, "वास्तविक" प्रशासनिक राजधानी के रूप में भी काम करता था। अकबर के समय से, मुगल शिविर बड़े पैमाने पर थे, जिनमें शाही दरबार से जुड़े कई व्यक्ति, साथ ही सैनिक और मजदूर भी शामिल थे। सारा प्रशासन और शासन उन्हीं के भीतर चलता था। मुगल बादशाहों ने अपने शासन काल का एक महत्वपूर्ण हिस्सा इन शिविरों के भीतर बिताया। औरंगजेब के बाद, मुगल राजधानी निश्चित रूप से शाहजहांनाबाद (आज पुरानी दिल्ली) का चारदीवारी वाला शहर बन गई।

• **बहादुर शाह द्वितीय**

1842 के तहत दिल्ली मुगल साम्राज्य की कानूनी प्रणाली संदर्भ-विशिष्ट थी और साम्राज्य के शासन के दौरान विकसित हुई थी। एक मुस्लिम राज्य होने के नाते, साम्राज्य ने फ़िक़्ह (इस्लामी न्यायशास्त्र) को नियोजित किया और इसलिए इस्लामिक कानून के मूलभूत संस्थान जैसे क़ादी (न्यायाधीश), मुफ़्ती (न्यायशास्त्री), और मुहतसिब (सेंसर और बाज़ार पर्यवेक्षक) अच्छी तरह से स्थापित थे मुगल साम्राज्य। हालाँकि, न्याय का वितरण अन्य कारकों पर भी निर्भर करता था, जैसे प्रशासनिक नियम, स्थानीय रीति-रिवाज और राजनीतिक सुविधा।

यह मुग़ल विचारधारा पर फ़ारसी प्रभाव और इस तथ्य के कारण था कि मुग़ल साम्राज्य ने एक गैर-मुस्लिम बहुमत पर शासन किया। मुगल साम्राज्य ने न्यायशास्त्र की सुन्नी हनफी प्रणाली का पालन किया। अपने प्रारंभिक वर्षों में, साम्राज्य अपने पूर्ववर्ती, दिल्ली सल्तनत से विरासत में मिली हनफ़ी कानूनी संदर्भों पर निर्भर था। इनमें अल-हिदाह (सर्वश्रेष्ठ मार्गदर्शन) और फतवा अल-ततरखानिया (अमीर तातरखान के धार्मिक निर्णय) शामिल थे। मुगल साम्राज्य के चरम के दौरान, फतवा 'आलमगिरी' सम्राट औरंगजेब द्वारा नियुक्त किया गया था। हनफी कानून के इस संग्रह ने मुगल राज्य के लिए एक केंद्रीय संदर्भ के रूप में काम करने की मांग की, जो दक्षिण एशियाई संदर्भ की बारीकियों से निपटता है। मुगल साम्राज्य ने राजशाही की फारसी धारणाओं को भी अपनाया। विशेष रूप से, इसका अर्थ यह था कि मुगल सम्राट को कानूनी मामलों पर सर्वोच्च अधिकार माना जाता था। मुगल साम्राज्य में विभिन्न प्रकार की अदालतें मौजूद थीं। ऐसा ही एक दरबार कादी का था।

न्याय प्रदान करने के लिए मुगल कादी जिम्मेदार था; इसमें विवादों को सुलझाना, अपराधों के लिए लोगों का न्याय करना और विरासत और अनाथों से निपटना शामिल था। दस्तावेज़ों के संबंध में क़ादी का अतिरिक्त महत्व भी था, क्योंकि क़ादी की मुहर को कर्मों और कर रिकॉर्डों को मान्य करने की आवश्यकता थी। क़ादियों ने एक ही स्थिति का गठन नहीं किया, बल्कि एक पदानुक्रम बनाया। उदाहरण के लिए, सबसे बुनियादी प्रकार परगना (जिला) क़ादी था। अधिक प्रतिष्ठित पद क़ादी अल-क़द्दत (न्यायाधीशों के न्यायाधीश) के थे, जो मोबाइल शाही शिविर के साथ थे, और क़ादी-यी लशकर (सेना के न्यायाधीश)। कादियों को आमतौर पर सम्राट या सदर-उस-सुद्र (दान के प्रमुख) द्वारा नियुक्त किया जाता था। क़ादी के अधिकार क्षेत्र का लाभ मुसलमानों और गैर-मुस्लिमों ने समान रूप से उठाया।

मुगल साम्राज्य की अर्थव्यवस्था मुगल अर्थव्यवस्था बड़ी और समृद्ध थी। मुगल युग के दौरान, 1600 में भारत का सकल घरेलू उत्पाद (जीडीपी) विश्व अर्थव्यवस्था का 22% अनुमानित था, जो दुनिया में दूसरा सबसे बड़ा, केवल चीन (मिंग युग) के पीछे लेकिन यूरोप से बड़ा था। 1700 तक, भारत का सकल घरेलू उत्पाद विश्व अर्थव्यवस्था का 24% तक बढ़ गया था, जो दुनिया में सबसे बड़ा, चीन (किंग युग) और पश्चिमी यूरोप दोनों से बड़ा था। भारत 1750 तक दुनिया के विनिर्माण उत्पादन का 24.5% उत्पादन कर रहा था। भारत की जीडीपी वृद्धि 1500-1820 की अवधि में बढ़ी, जो 1-1000 और 1000-1500 की अवधि से

अधिक तेजी से बढ़ी। औद्योगिक क्रांति से पहले 18वीं शताब्दी के पश्चिमी यूरोप की तरह भारत की अर्थव्यवस्था को प्रोटो-औद्योगीकरण के रूप में वर्णित किया गया है। मुग़ल एक व्यापक सड़क प्रणाली के निर्माण, एक समान मुद्रा बनाने और देश के एकीकरण के लिए जिम्मेदार थे। 185-204 साम्राज्य के पास एक व्यापक सड़क नेटवर्क था, जो आर्थिक बुनियादी ढांचे के लिए महत्वपूर्ण था, जिसे एक लोक निर्माण विभाग द्वारा स्थापित किया गया था। मुग़लों द्वारा, जिन्होंने साम्राज्य भर के कस्बों और शहरों को जोड़ने वाली सड़कों का डिजाइन, निर्माण और रखरखाव किया, जिससे व्यापार करना आसान हो गया।

• औरंगज़ेब का सिक्का

काबुल में ढाला गया, दिनांक 1691 मुग़लों ने अपने संक्षिप्त शासन के दौरान सूर सम्राट शेर शाह सूरी द्वारा शुरू की गई रुपये (रुपया, या चांदी) और बांध (तांबा) मुद्राओं को अपनाया और मानकीकृत किया। मुद्रा शुरू में अकबर के शासनकाल की शुरुआत में 48 रुपये से एक रुपये तक थी, इससे पहले बाद में 1580 के दशक में एक रुपये में 38 बांध बन गए, 17 वीं शताब्दी में तांबे के नए औद्योगिक उपयोगों के परिणामस्वरूप बांध का मूल्य और बढ़ गया, जैसे कि कांस्य तोपों और पीतल के बर्तनों में। बांध शुरू में अकबर के समय में सबसे आम सिक्का था, बाद के शासनकाल में रुपये को सबसे आम सिक्के के रूप में बदलने से पहले। बांध का मूल्य बाद में जहाँगीर के शासनकाल के अंत में 30 से एक रुपये के बराबर था, और फिर 1660 के दशक तक 16 रुपये था। मुग़लों ने उच्च शुद्धता वाले सिक्के ढाले, जो 96% से कम नहीं थे, और 1720 के दशक तक बिना किसी गिरावट के। भारत के पास सोने और चांदी का अपना भंडार होने के बावजूद, मुग़लों ने अपने स्वयं के न्यूनतम सोने का उत्पादन किया, लेकिन साम्राज्य की मजबूत निर्यात-संचालित अर्थव्यवस्था के परिणामस्वरूप, भारतीय कृषि और औद्योगिक उत्पादों की वैश्विक मांग के साथ, ज्यादातर आयातित बुलियन से सिक्के ढाले। भारत में कीमती धातुओं की एक स्थिर धारा। मुग़ल भारत के आयात का लगभग 80% बुलियन था, ज्यादातर चांदी, नई दुनिया और जापान सहित आयातित बुलियन के प्रमुख स्रोतों के साथ, जिसने बदले में बंगाल सुबाह प्रांत से बड़ी मात्रा में वस्त्र और रेशम का आयात किया।

धन्यवाद

इस पुस्तक को पढ़ने के लिए धन्यवाद और इस पुस्तक को दोस्तों को जन्मदिन के उपहार के रूप में साझा करें, आपका दिन शानदार हो।

www.ingramcontent.com/pod-product-compliance
Lightning Source LLC
Chambersburg PA
CBHW020504160726
47991CB00007B/2791